思维：从信息到信念

成锦亚　主编

思维模式将信息转变成知识
行为模式将知识转变成能力
心智模式将能力转变成信念

天津大学出版社
TIANJIN UNIVERSITY PRESS

图书在版编目(CIP)数据

思维：从信息到信念 / 成锦亚著. —天津：天津大学出版社，2020.10

ISBN 978-7-5618-6799-0

Ⅰ.①思… Ⅱ.①成… Ⅲ.①思维方法 Ⅳ.①B80

中国版本图书馆CIP数据核字(2020)第199153号

出版发行 天津大学出版社
地　　址 天津市卫津路92号天津大学内（邮编:300072）
电　　话 发行部:022-27403647
网　　址 www.tjupress.com.cn
印　　刷 北京盛通印刷股份有限公司
经　　销 全国各地新华书店
开　　本 160mm×230mm
印　　张 12.5
字　　数 211千
版　　次 2020年10月第1版
印　　次 2020年10月第1次
定　　价 45.00元

前　言

21世纪,全球进入信息大爆炸时代,互联网给我们带来了大量的信息和知识。各种信息和知识通过网络广泛传播。人们获得知识和能力的途径不再局限于书本或老师的言传身教,网络文献、自媒体、朋友圈……都为我们提供了大量的信息。能否比别人更有效地获得信息,吸收知识并转变成自身能力,成为了我们在职场中的核心竞争力。有些人能够做得很好,他们知识丰富、能力卓越;有些人同样获取大量信息,但知识的增长和能力的提升却非常缓慢。这是为什么呢?

我从事管理咨询工作十余年,指导过数万名职场精英。十多年前,学员对行业内龙头企业的相关资料和知识非常感兴趣,充满学习的热情;六七年前,分享资料和知识已然不够了,对成功案例的分析、推演才能满足学员的需要;近两三年,案例分析也不够了,沙盘形式的实战学习备受追捧。实战学习让学员在特定的业务场景中演练,以沙盘模拟和推演的方法来学习知识。我对一些学员的学习效果进行过跟踪记录和分析,沙盘式实战学习的效果最好,学员知识吸收最佳,能力提升显著。为什么会有这样的变化呢?

这十余年,我接触了大量的企业领导者和中高层管理者,发现了职场中不同职级的人有明显的差异:企业领导者信念强大、能力卓越;高层管理者能力出众、知识渊博;中层管理者知识丰富;而基层员工,很多只能用“信息丰富”来评价了。不同职位的人,拥有的信息、知识、能力、信念是有较大差距的,为什么会这样?中高层管理者不也是从基层员工一步步晋升的吗?他们是如何提升自我的呢?

多年来,我在信息、知识、能力、信念四个方面不断研究。在管理咨询过程中,每进入一个新的领域,便快速将信息转变为知识;在培训过程中,将知识传授给学员,帮助学员提升能力;在咨询过程中跟企业领导者交流,理解企业领导者的信念,必要时改变他们的信念。我不断实践一个人从员工到企业领导者思维转变的过程,于是写出了这本解读如何通过“思维模式—行为模式—心智模式”的层层深入,完成“信息—知识—能力—信念”转化的书。这是一本阐述方法论的书,教你如何培养思维能力,希望能帮助你走向成功。

目　　录

01

第一篇

从信息到知识
——思维模式篇

From Information to Knowledge
——Thinking Mode

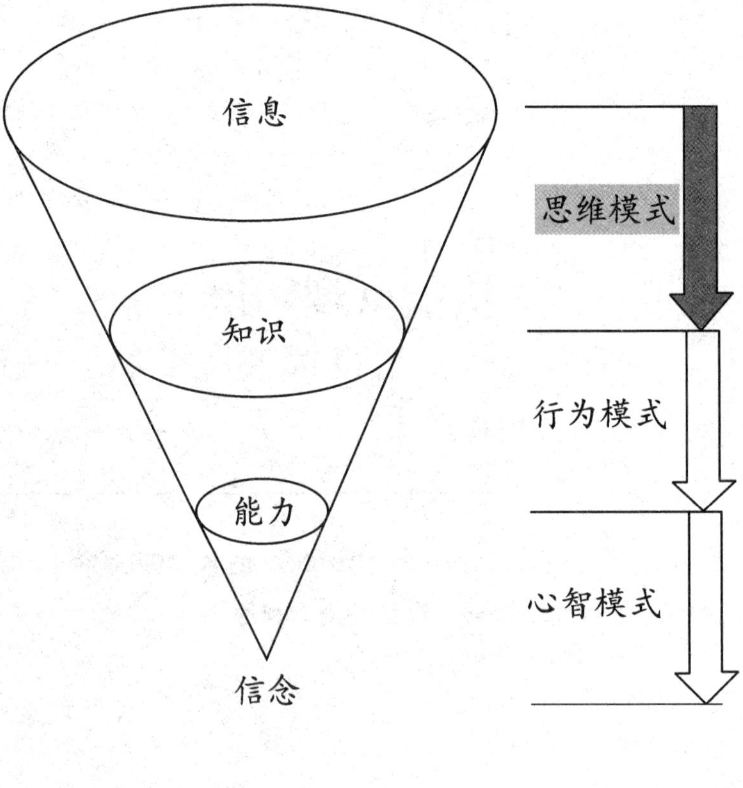
信息
知识
能力
信念
思维模式
行为模式
心智模式

第 1 章

三种思维方式

我们来做一道小学数学题，9+16=(　　　)，毋庸置疑，等于 25。

等等，毋庸置疑吗？在什么情况下，9+16=1 这个等式是正确的？请给出答案。

这道题不是脑筋急转弯，那答案是什么呢？在时钟的场景下，9 点钟再过 16 个小时之后，是 1 点钟。在时间这个 24 进制的世界里，9+16=1。

我们再来看一道题目，请给出下一个数字：1，1，2，3，5（　　　）。下一个数字是多少？8，为什么？因为下一个数字是前两个数字之和。

这 3 道题反映出什么？这 3 道题反映出 3 种思维方式。

（1）**惯性思维方式：**按照直觉和历史经验来思考和分析问题。

（2）**跳跃思维方式：**有创意、天马行空，尝试关联一些特殊属性来进行创新性思考。

（3）**逻辑思维方式：**通过推理和逻辑分析，形成分析结论。

9+16=25，这个是大家下意识的思考结果，或者说不假思索，用历史经验就能算出等于 25，这是典型的惯性思维。这也是大部分人的常见思维方式。

有没有玩过这样一个游戏？对方让你快速说十遍“老鼠”,说完后,对方问你:“猫最怕什么?”大部分人会下意识地回答:“老鼠。”怎么回事呢？这是惯性思维在作祟。

有一位老师给他的学生讲了一个故事。五金店里面来了一个哑巴,他想买一枚钉子。他对着服务员左手做拿钉子状,右手做握锤状,用右手锤左手。服务员给了他一把锤子,哑巴摇摇头,用右手指左手。服务员给了他一枚钉子,哑巴很满意,就离开了。这时五金店又来了一个盲人,他想买一把剪刀。这时,老师就问:“这个盲人怎样以最快捷的方式买到剪刀呢?”一个学生说:“他只要用手作剪东西状就可以了。”老师笑着说:“盲人只要开口讲一声就行。”学生一想,发现自己的确是错了,因为他在用惯性思维思考问题。

惯性思维是最常见的思维方式,是我们在生活工作中用到的主要思维方式。普通人70%的时间都会用惯性思维进行思考。惯性思维也是最简单的思维,它快速、高效,能解决常见的大部分问题。因为历史经验通常是对的,所以在惯性思维下拿历史经验直接应用,通常也是对的。大部分工作都需要惯性思维,历史经验积累越多,惯性思维就越容易形成。习惯成自然,这个习惯就容易形成惯性思维,例如经验丰富的老师傅、司机等。但是,惯性思维并不能解决所有问题,特别是如果场景发生了变化,凭借历史经验很可能会出错,或者不能得到更好的结果,所以我们还需要其他的思维方式。

还有一种思维方式是跳跃思维。跳跃思维的特征是不直接套用历史经验，而是跳出历史经验的框，天马行空地思考。跳跃思维本质上属于发散性思维，除了具有灵活、新颖、变通等发散性思维的特点以外，还具有超越常规思维程序、省略某些中间环节的特点。脑筋急转弯就是一种典型的跳跃思维。

一座桥上面立有一个牌，牌上写“不准过桥”。 但是很多人都不予理睬，照样过去。这是为什么？

惯性思维：牌子明文写着“不准过桥”，这座桥禁止通过。

跳跃思维：牌子写着的是桥的名字，这座桥叫“不准过桥”。

哪些行业或专业需要跳跃思维呢？需要创意的行业，例如广告业、艺术类行业等等。制作一支广告、编一首曲子、画一幅画，都需要大量创意，直接用惯性思维来做，得不到一个有创意的好结果。这时候需要的思维方式是跳跃思维。跳跃思维不是完全无关联地跳跃，它把两件事情通过一些属性关系联系在了一起。9+16=1，关联它们的特殊属性就是时间这个 24 进制。例如做广告，会找到产品里的某个特性来制作广告语，这个特性就是关联的属性。抽象派的绘画，例如毕加索的画，很多人说看不懂，但懂得欣赏的人会很赞赏，这是因为他们看到了这些绘画里的抽象关系。跳跃思维适用于需要创意的行业或专业，它在我们工作和生活中的运用率不超过 10%。

做很多事情是不需要跳跃思维的,例如司机开车需要跳跃思维吗?司机需要的是按照经验开车,把对交通规则的熟悉变成身体的惯性反应,有了跳跃思维反倒容易出交通事故。

第三种思维方式的特征是既不按照惯性方式去思考问题,也不过于跳跃,它需要的是按照规律去分析和解决问题,这种思维方式即逻辑思维方式。

"逻辑"这个词大家都能理解。逻辑思维是思考事物规律的思维方式。它是以判断、推理为基本形式,以辩证方法为指导,间接地、概括地反映客观事物规律的理性思维过程。1,1,2,3,5 的下一个数字是什么,解答这个问题就要找到它的逻辑,这个逻辑就是数列的规律,即下一个数字是前两个数字之和,基于这个规律得到答案 8,这是典型的逻辑思维。

战国时期,秦国实行商鞅变法,法度严明。秦孝公有一幕僚,号称"天下第一智者",犯下过失,按律当斩。秦孝公惜才,想救他一命,但又不能破秦律。于是,他设计了一个特殊的行刑方式,希望智者能运用自己的智慧来拯救自己的生命。刑场上站着两个武士,手中各拿着一瓶酒。秦孝公告诉智者:第一,这两瓶外观上看不出区别的酒,一瓶是美酒,一瓶是毒酒;第二,两个武士有问必答,但一个只说真话,另一个只说假话,并且从外表上无法断定谁说真话,谁说假话;第三,两个武士互知底细,即互相之间都知道谁说真话或假话,谁拿毒酒或美酒。现在只允许智者向两个武士中的任意一个提一个问题,然后根据得到的回答,判定哪瓶是美酒并把它一饮而尽。智者略加思考,提出了一个巧妙的问题,并喝下了美酒。结果，他被免于一死。智者是如何问的呢？

智者随机问一个武士："你认为另一个武士会说自己手中拿的是美酒还是毒酒？"如果得到的答案是"毒酒"，且智者问的人说真话，另一个人拿的就是美酒；若智者问的人说假话，则另一个人拿的还是美酒。不管怎样，智者把另一个人手中的酒喝了就对了。如果得到的答案是"美酒"，且智者问的人说真话，则另一个人拿的就是毒酒；若智者问的人说假话，则另一个人拿的还是毒酒。不管怎样，智者把被问人手上的酒喝了就对了。

智者这样的思维方式，是典型的逻辑思维。逻辑思维会用到较强的因果关系，是一种线性关系，因果关系成立的话，结论准确的可能性非常大。逻辑思维方式在我们工作和生活中的运用率大约为 20%。

1941 年，第二次世界大战的战场炮火连天。

有一天，美国哥伦比亚大学著名统计学家沃德教授受英国皇家空军作战指挥官委托，分析德国地面炮火击中联军轰炸机的资料，并且对其进行统计分析，为机体装甲应该如何加强才能降低被炮火击落的概率提出建议。

沃德的研究发现，机翼是最容易被击中的部位，而飞行员座舱与机尾，则是最少被击中的部位。在报告研究成果的会议上，负责该项目的作战指挥官说："研究清楚地显示，联军轰炸机的机翼，弹孔密密麻麻，最容易中弹。因此，我们应该加强机翼的装甲。"

沃德坚定地说："将军，我尊敬你在飞行上的专业，但我有完全不同的看法,我建议加强飞行员座舱与机尾发动机部位的装甲,因为那儿最少发现弹孔。”

在全场错愕怀疑的眼光中,沃德解释:“我所分析的样本中,只包含顺利返回基地的轰炸机。从统计的观点来看,我认为被多次击中机翼的轰炸机,似乎还是能够安全返航的,而飞机上很少被发现弹着点的部位,并非真的不会中弹,而是一旦中弹,根本就无法返航。”

皇家空军部部长决定接受沃德的建议,立刻加强飞行员座舱与机尾发动机部位的防御装甲。不久之后,联军轰炸机被击落的比例,果然显著降低。为了确认这个决策的正确性,一段时间后,英国军方动用了敌后工作人员,搜集了部分坠毁在德国境内的联军飞机残骸,它们中弹的部位,果真如沃德所预料,主要集中在飞行员舱与机尾发动机部位。

乍看之下,作战指挥官加强机翼装甲的决定十分合理,但他忽略了一个事实:最关键的资料其实留存在被击落的飞机上,布满了弹痕的机翼反而是飞机最强韧的部位。空军作战指挥官差点因为太重视“看得见”的弹痕,反而做出错误的决策。

上面这个案例是一个经典的“幸存者偏差”案例。惯性思维有时候有隐蔽性,上文作战指挥官的思维是惯性思维,而沃德的思维属于逻辑思维。

逻辑思维的进一步进阶是结构化思维。

第 2 章

结构化思维

什么是结构化思维？以目标为导向的、有层级结构的逻辑思维体系即结构化思维。

世界著名咨询公司麦肯锡的一位咨询顾问巴巴拉·明托有一本书，叫作《金字塔原理》，重点阐述的就是结构化思维。在这里引用其中一些案例来解读这种思维模式。

下面有些杂乱的信息，请将其结构化。

黄瓜、花生、苹果、土豆、葡萄、胡萝卜、杏仁、荔枝、板栗

如何结构化？首先找规律。这些信息并非完全杂乱无章，有些是水果，例如葡萄、荔枝、苹果；有些是蔬菜，例如土豆、胡萝卜。它们都属于食物。找到这些规律后，将信息按照规律进行分类整理，并且给类别进行定义，形成分类分级，这便形成了一个结构化思维的结果，如图 1-1 所示。

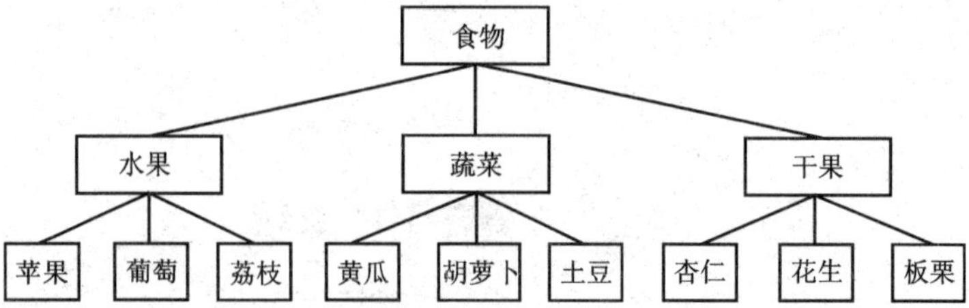

图 1-1

找到规律,分类整理,形成层级结构,这是一种典型的结构化思维方式。那这类思维方式如何应用呢?

一天,领导突然让小明和小李一同前往东南亚出差一周,每人只能带一个行李箱,飞机很快就起飞了,他们只有很短的时间回家收拾行李,那么他们应该带什么呢?

在回家的出租车上,小明用短短的 30 分钟开始了慌乱的思考:“东南亚蚊虫很多,应该带上防蚊液……语言也不通,最好带上字典……还要带上电脑,如果手机上有电子词典就不用带字典了……对了,一定带上充电器……还有毛巾、牙刷……也许不需要了,到了再买吧,应该带上足够的现金,还有信用卡……”最终,在打车去机场的路上,小明突然发现自己有几样最为重要的东西忘了带,而他还带了几样不太需要的东西。

而小李则在 30 分钟内采用了另一种思考的方式,一切显得自如得多。在出租车上,小李拿出一张便笺纸,然后开始在上面画出了如图 1-2 所示的结构,对所有的物品进行分类,没有重叠也没有遗漏。

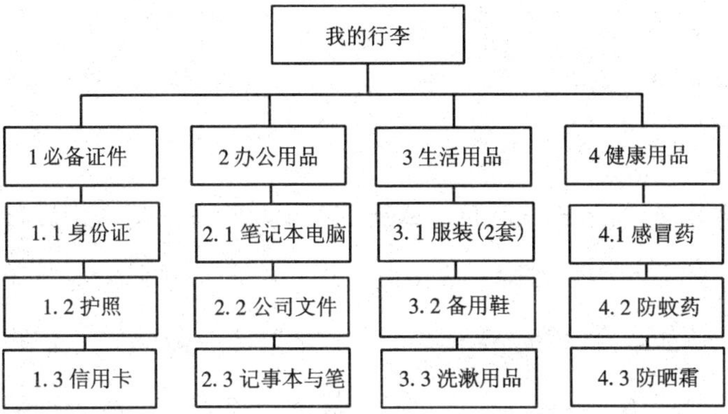

图 1-2

图 1-2 是一个典型的结构化思维的结果，但是结构化思维不是简单的归纳汇总，还包括结论先行、以上统下、归类分组以及逻辑递进等。（图 1-3）

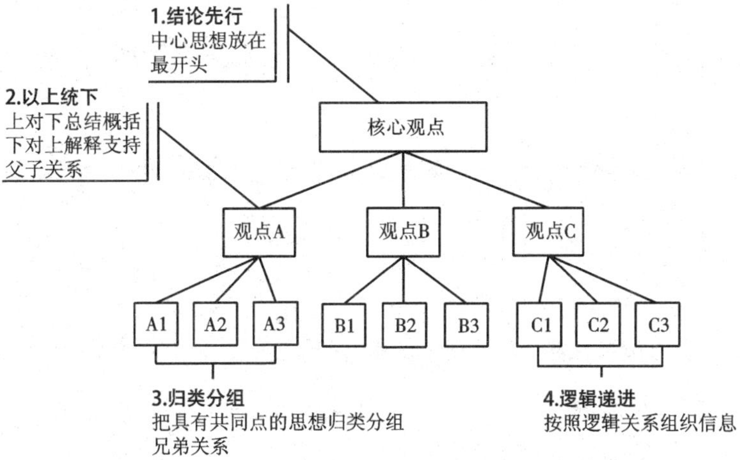

图 1-3

结论先行：结构化思维的终极需要是给出结论，最核心的结论应放在第一位，以结论为纲统领所有信息。

以上统下：上一级是对下一级的总结概括，下一级是对上一级的解释支持,上下级是归属关系,或者说是父子关系。例如将苹果、葡萄、荔枝在上一级用水果进行总结概括,将水果、蔬菜、干果在上一级用食物进行总结概括。

归类分组:将具备共同特点或属性的信息按照层级结构进行分类,归类至对应的分组中。在同一级中归入同一类的是并列关系,或者说是兄弟关系。例如苹果、葡萄、荔枝共同具有水果这一属性,将它们归为一类,分入水果分组中。再往上一级,水果、蔬菜、干果都是食物,按照该共同点分入食物组中。

逻辑递进:同级事物之间的关系,通常按组织结构分为合作和对立两种。

第一,合作关系。例如,餐馆是一个系统,里面的厨师、服务员、老板相互合作。

第二,对立关系。例如,篮球联赛是一个系统,里面两支比赛的篮球队是对立关系。

在一个动物群落系统中,羚羊之间是合作关系,一批羚羊休息时,另一批羚羊要放哨,而羚羊和狮子则是对立关系。

此外,同级的事物之间也可能没有相互关系,但归属于同一个属性。例如,在一个超市系统中,假设其中的顾客彼此互不认识,那么这个超市系统的顾客之间就没有相互的关系,但是他们都有同一个属性,即都是顾客。

结构化思维将逻辑思维进一步结构化,是相对逻辑思维更系统化的思维方式,是逻辑思维的进阶版本。

结构化思维能否再进阶?结构化思维再进阶之后,是三层级结构化思维。

第3章

三层级结构化思维

将结构化思维的结论先行变为思维最终目的，将以上统下、归类分组、逻辑递进等方法统一成思考方法，再进一步思考该方法是否正确、验证结果是否有效，这样就形成了三层级结构化思维（图 1-4）。

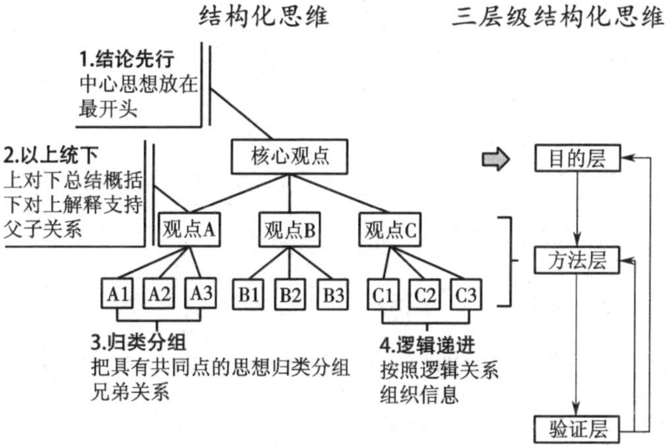

图 1-4

三层级结构化思维的具体构成及表现如图 1-5 所示。

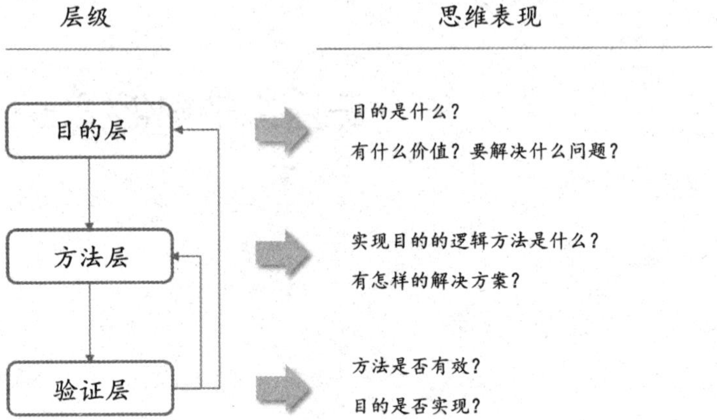

图 1-5

运用三层级结构化思维去思考和解决问题,能在错综复杂的信息中,找到解决问题的方法,进而有效解决问题。

目的层:以终为始,以最终的目的和价值来分析各种信息,思考问题的本质。

什么是以终为始?首先确定事情的目的、目标或意义。根据目的、目标或意义倒推应该做哪些工作或完成哪些任务。

目的是第一个要素,也是所有思维要素中最重要的一个。因为目的决定了我们思考的方向。所以只有思考的方向对、目的对,我们的思维才有可能走在正确的道路上。如果目的错了,就会一错百错,就会出现系统性、方向性的错误。

有一个公司要在一所高校招聘,该公司派一名实习生到该校去发宣传海报。

从表面看，实习生只需要把海报发到学生手里就可以了，我们大部分人的做法也是如此。但是这名实习生很聪明，他在做之前，先思考这件事的目的是什么，问“为什么”。

他认为发海报不是为了发完，而是为了宣传招聘。当他从“为什么”去思考问题时，他知道不是为了发宣传海报而发宣传海报，发海报目的应该是让更多的学生了解他们公司在招聘，以吸引更多的学生应聘。于是他做了以下三件事：

(1)到教务处找老师帮忙，把通知发到学校官方通讯群里；

(2)找到学生会相关的负责部门，得到许可后把海报张贴到了宿舍楼信息板上；

(3)经过老师同意，把海报张贴到了主楼宣传栏上。

事实证明，他们公司的校园招聘会现场确实很火爆，大量学生前来应聘。

方法层：实现目的的逻辑和方法、解决方案。

方法层没有定式，各种解决方案都属于方法层。以上统下、归类分组、逻辑递进这些结构化思维里的思维方法可以进一步系统化，形成以目的为出发点的解决方案。推荐一个很常用的解决方案对应的思维工具：5W2H。

5 W：

WHY——为什么？（理由何在？原因是什么？）

WHAT——是什么?(目的是什么?做什么工作?)

WHERE——何处?(在哪里做?从哪里入手?)

WHEN——何时?(什么时间完成?什么时机最适宜?)

WHO——谁?(由谁来承担?谁来完成?谁负责?)

2H:

HOW——怎么做?(如何提高效率?如何实施?方法怎样?)

HOW MUCH——多少?(做到什么程度?数量如何?成本如何?)

我们来看一个用5W2H来思考问题的实例。

领导说:“小明,请你将这份项目案例报告复印2份,今天下午4点前送到总经理室交给总经理,总经理要给客户介绍项目案例。注意要彩色复印。”

小明用5W2H来思考并构建解决方案见表1-1。

表1-1 小明用5W2H思考的结果

WHY	给客户介绍项目案例用
WHAT	项目案例报告
WHERE	总经理室
WHEN	今天下午4点前
WHO	小明
HOW	彩色复印
HOW MUCH	2份

验证层：思考解决方案的具体表现成果，验证方法层的逻辑是否合理、方法是否有效，验证目的是否实现。

总的来说，验证层需要验证两件事情：

（1）方法层是否有效；

（2）目的是否实现。

如何验证？一种方法是结果验证。通过方法层的执行，形成结果，以结果来验证方法是否有效及目的是否达到。但在思维阶段，具体的解决方案还没开展，这时可以以历史的案例来验证或以虚拟结果来验证。

来看一个三层级结构化思维的案例。

领导跟小明说："小明，到外面去买支笔。"如果你是小明，你首先会怎么做？

A：马上跑到文具店，把领导常用的笔买回来。

B：问领导要买什么样的笔，买几只。

C：问领导要买什么样的笔，什么时候要用，什么颜色的，买几只，有没有预算控制。

你的答案是哪个？

其实，以上做法皆不对。那么，应该怎么做呢？

以终为始就是以目的为第一思考要点，不要先入为主，避免陷入细节。做任何一件事情都是为达成一定目标的，只有这样才能保证过程有效率、有效果。

上面案例中的A、B、C,全部陷入了细节,也就是跳过了目的层的思考,直接进入了方法层,甚至像A将方法层也跳过了,没有思考方法,直接采取行动,这是典型的惯性思维方式,最终的结果可能是买来的笔没法用。B和C进入了方法层,在思考买这支笔的方法是什么,但这样还是不够的。

运用三层级结构化思维方式,首先要思考买这支笔的目的是什么,为什么要用笔,用笔的场景是什么,是开会用还是签字用。开会培训用的白板笔和签字用的签字笔,是完全不同的。目的不明确,所有的解决方案和行动都可能是错的。所以这个案例的正确答案是首先问领导买笔的用途。当问清楚了目的后,再思考实现的方法,并验证方法是否可行,这样的思维方式才是三层级结构化思维。

我们将以上四种思维模式进行对比,见表1-2。

表1-2　四种思维模式对比

思维模式	惯性思维	跳跃思维	结构化思维	三层级结构化思维
目的	不思考	关联	结论先行	目的先行、以终为始
方法	惯性方法	跳跃方法	以上统下、归类分组、逻辑递进	5W2H等系统方法
结果	不验证	不验证	不验证	验证

通过目的层、方法层、验证层三层级思考后,思考的结果才能切实实现目标,确保效果。

第4章

首先问：为什么

如何形成三层级结构化思维？这里会引发出三层级结构化思维的重要思维习惯。

三层级结构化思维的第一个重要思维习惯——**所有事情首先问：为什么。**

有一位咨询师，加入咨询公司之前，有多年企业实际工作经验。在第一个项目中，项目经理给了他一个任务，他完成后上交了自己的项目成果。咨询师自认为质量挺高，项目经理看完成果后说，你来给我讲下这个成果吧。咨询师便开始讲解，讲到一半，项目经理打断咨询师，说："等等，你先讲明白为什么。"咨询师当时蒙了，什么叫"为什么"，这个事情本来就应该这么做啊，我在企业里工作这么多年，都是这么做的。但是项目经理坚持说："没讲明白为什么，你这个成果没有意义。"最终这位咨询师明白了，他之前的思维习惯，是典型的惯性思维，遇到新的事情，直接陷入细节，拿着历史经验来开展工作，这个有可能成功，但很可能不满足新场景的目标,不能产生符合新场景的价值的终极效果。第一个项目的项目经理问咨询师的这个问题,让咨询师养成了这样一个思维习惯,即所有事情首先问为什么。

目的层的终极逻辑是价值,即有什么价值,能解决什么问题。弄清目的就要刨根问底,动作、状态、表现形式都不是目的,想要弄清目的就应继续挖掘最终的价值或最根本的原因。

小明把日常做的表格做了一些调整。

领导:“你表格这么调整的目的是什么?”

小明:“可以让表格更为简化!”

领导:“表格简化的目的是什么?”

小明:“呃……”

动作、状态不是价值,表格简化是状态,并不是价值。终极要思考简化的价值是什么,如果简化后,核心的数据丢失了,成果质量下降了,那么简化是否有价值呢?目的是否达到了呢?肯定没有。如果简化能保证数据质量不下降,但是效率得到了提升,这样简化就是有价值的,能提升效率的价值。

衍生的第一个重要思维习惯:**刨根问底地问为什么。**

刨根问底地问为什么,就是问需要实现什么价值或解决什么问题。因此刨根问底问为什么有两大方向:问最终价值和问最根本原因。

第一个方向，刨根问底的根指的是终极的价值。当问的为什么有了一个答案，还需要判断这个答案是不是真的目的层的内容。在刨根问底地问为什么的过程中得到的答案，很可能是现象或者状态，或者深层次的表现形式，这些可能都不代表价值，需要进一步挖掘该状态或表现形式，直至最终的价值。上述案例中的领导问调整表格的目的，得到的答案是"简化"，继续问简化的目的，可以得到的答案是"效率提升"，最终问到了目的层。

目的层最常见的价值有三种：效益、效率和效能如图 1-6 所示。

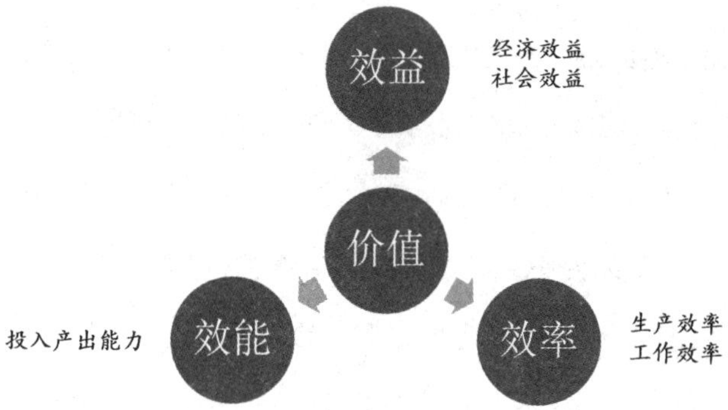

图 1-6

何为效益？一般包含两类：一类是经济效益，包括收入提升、成本费用下降等跟经济利益相关的效果；另一类是社会效益，包括客户满意、品牌提升等跟企业发展、社会发展相关的效果。

何为效率？一般指速度提升、进度加快等生产效率、工作效率的具体效果。

何为效能？一般指多种效益或效率之间的投入产出能力。

例如,虽然成本增加,也就是降低了效益,但是速度有提升,提升了效率,最终的效能是提升的。

回到上述案例中,表格简化是否真的有价值?是不是能够提升效益、效率或效能?简化有可能导致数据质量下降,进而损失了效益,这是没有价值的;或者简化没有导致数据质量下降,但是简化这个表格后,导致需要新增另外一个表格或流程来完成被简化数据对应的工作,可能反倒导致效率下降;或者可能效率提升了,但是效益损失过大,风险过大,那对应的效能可能也是下降的,最终也是无效的简化。

18 世纪末,英国政府决定将罪犯流放到澳大利亚,而且雇用私人船主运送犯人,根据实际上船的犯人数目,政府付给船主费用。

英国政府很快发现:犯人的死亡率平均高达 12%,最严重的高达 37%。政府想了很多办法,比如派监督、派医生,制定犯人生活标准,对船主进行教育,但这些都无法解决死亡率高的问题。

英国政府开始思考,将罪犯流放到澳大利亚,是不是最终目的。其实流放本身没有太大的价值,而让罪犯能够在澳大利亚殖民才是有价值的,才是最终的目的。最终英国政府将目的修改成通过罪犯在澳大利亚殖民,并基于目的换了一套付费标准——依据澳洲上岸的犯人数目付费,犯人死亡率很快下降到 5% 以下。

没有问到效益、效率或效能的这些目的层的为什么,并且没能把效率、效益、效能想明白的为什么,最终都是无效的思考。

第二个方向，刨根问底的根指的是最根本的原因。找最根本的原因，其最终目的也是在基于根本原因来解决问题，达到解决问题的目的。这里有一个方法叫五问法。通过连续五次的发问，找到最根本的原因。

某公司工厂停工了，总工程师来查停工的原因，连续发问。

问题一："为什么机器停了？"

答案一："因为机器超载，保险丝烧断了。"

问题二："为什么机器会超载？"

答案二："因为轴承的润滑不足。"

问题三："为什么轴承会润滑不足？"

答案三："因为润滑泵失灵了。"

问题四："为什么润滑泵会失灵？"

答案四："因为它的轮轴耗损了。"

问题五："为什么润滑泵的轮轴会耗损？"

答案五："因为杂质跑到里面去了。"

经过连续五次不停地问"为什么"，最终找到了问题的真正原因。这样一来解决的方法也就明了了，即在润滑泵上加装滤网。

五问法就是刨根问底，问出最本质的原因，进而从根本上解决问题。

第5章

继续问:一定是这样吗

目的思考清楚后,需要思考的是实现目标的方法。方法层的方法没有定式,可以是前文说到的5W2H,也可以是其他的任何方法。

下面再举一个得出解决方案的思维方法——龟形图,如图1-7所示。

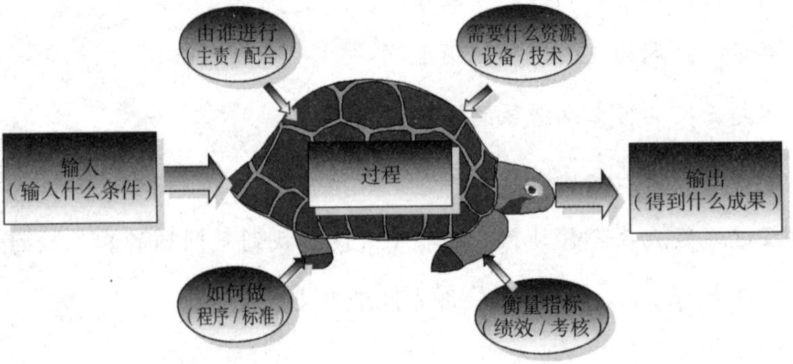

图 1-7

我们来看一个用龟形图得出解决方案的实例。

目的层:实现新业务拓展及市场分析。

方法层：龟形图。

（1）输入：公司战略规划及经营计划、顾客要求及历史反馈、竞争对手信息、供方信息。

（2）由谁进行：市场部、技术部、客服部。

（3）如何做：4P 分析，即产品、价格、销售模式、市场推广分析；4C 分析，即客户、成本、便利、沟通分析；产品分析，即产品诞生、成长、成熟、衰退全生命周期分析。

（4）需要什么资源：电话、网络、调研机构。

（5）输出：市场调查报告、产品可行性分析及开发建议书。

（6）衡量指标：市场分析完成度、新产品开发成功率。

最终形成解决方案如图 1-8 所示。

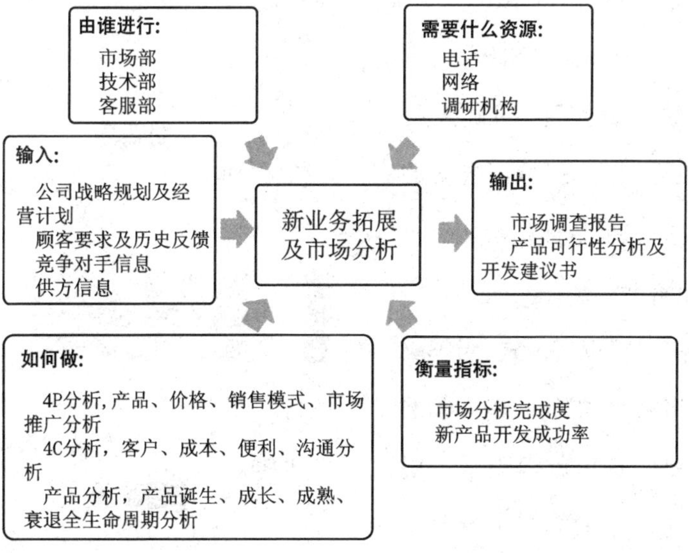

图 1-8

我们要知道的是,在思考阶段,任何准备好的方法或解决方案,在没有实际执行之前,都是假设方案。也就是说,在这件事没有做之前,都不能确定地说这个方法一定正确。如果这样,是否就不能按照解决方案去做呢?这里就进入了三层次结构化思维的第三层——验证层。

为了确定解决方案的可行性,我们需要对该方案进行验证,判断其可行性及有效性。通过验证的解决方案,称为有效假设方案。

在惯性思维下,历史的经验告诉我们这么做是能成功的,那么其实这个方案已经通过了历史的类似事件的验证,其历史的解决方案本身就是一项有效假设方案。

标准化、重复开展的工作可以直接套用历史经验,但我们面临的事情错综复杂,场景很可能发生变化,很多工作都是非标准化的,历史的解决方案并非是明确的有效假设方案。要将方案验证成有效假设方案,需进行的流程为有效假设闭环。

有效假设闭环,即确定目标,提出假设方案,验证方案的可行性,并验证目标是否能有效实现,如图 1-9 所示。

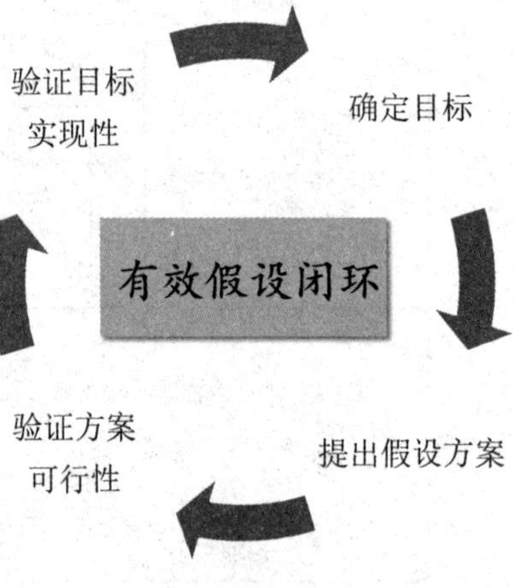

图 1-9

解决方案没有定式,当解决方案提出来后,如何验证方案的可行性呢?这里就出现了三层级结构化思维的第二个重要思维习惯,即对所有假设方案问:

一定是这样吗。

领导跟小明说："小明，到外面去买两支笔。这笔我们用来开会在白板上写字。"

好了，目的层说清楚了，笔是开会在白板上写字用的。

那么作为小明，你的解决方案会怎样？

我们应用 5W2H 方法来解决：why，开会用；what，白板笔；when，现在；where，楼下文具店；who，本人；how，买；how much，两支。

思考完毕，形成的解决方案为：本人现在去楼下文具店买两支开会用的白板笔。

看起来解决方案是完备的。但是，这是否就是一个有效假设方案？怎么判断是否有效？我们来问这几个问题。

一定是现在去买吗？可能会议是明天开，是否可以今天空闲时间去买呢？

一定是买两支吗？会议可能很长，两支可能不够。

一定是买吗？办公用品是不是可以去行政部门领？或者如果会议很着急，是不是可以先从其他部门借？

当不断反问这些问题，可能发现，本人现在去楼下买两只开会用的白板笔并不一定是一个真正的有效假设方案。如果会议很紧急，马上要用，目标就不是简单的拿到白板笔，而是短时间内要拿到白板笔，领导让出去买的解决方案可能本身就不合适，从其他部门或其他会议室临时借白板笔才是真正的有效假设方案。如果不着急，而本身公司行政部门可以领办公用品,去行政部门领两支白板笔才是真正的有效假设方案。通过反复多问“一定是这样吗”,来验证之前的假设方案的可行性,最终形成通过验证的有效假设方案。

在我们运用 5W2H 得出了解决方案之后,我们可以继续往下思考,可以不断反问“为什么”和“一定是这样吗”,最终实现用 5W2H 方法得出的解决方案的有效假设闭环。三层级结构化思维过程见表 1-3。

表 1-3　三层级结构化思维过程

5W2H	解决方案	首先思考:为什么	继续思考:一定是这样吗	有效假设闭环
why	什么原因	为什么是这个原因?	一定是这个原因吗?	定原因
what	什么事情	为什么是这件事情?	一定是这件事吗?	定事情
who	什么人	为什么是他?	一定是他吗?	定人
when	什么时间	为什么是这个时间?	一定是这个时间吗?	定时间
where	什么地点	为什么是这个地点?	一定是这个地点吗?	定地点
how	如何做	为什么采用这个方法?	一定是这个方法吗?	定方法
how much	多少	为什么是这个数量?	一定是这个数量吗?	定数量

我们来看一个小故事。

伽利略是17世纪意大利伟大的科学家。他在学校念书的时候，同学们就称他为“辩论家”。他提出的问题很不寻常，常常使老师很难解答。

那时候，研究科学的人都崇奉亚里士多德，把这位两千多年前的希腊哲学家的话当作不容许更改的真理。谁要是怀疑亚里士多德，人们就会责备他：“你是什么意思？难道要违背人类的真理吗？”

亚里士多德曾经说过：“两个铁球，一个10磅重，一个1磅重，同时从高处落下来，10磅重的一定先着地，速度是1磅重的10倍。”这句话使伽利略产生了疑问。

伽利略想：一定是这样吗？如果这句话是正确的，那么把这两个铁球拴在一起，落得慢的就会拖住落得快的，落下的速度应当比10磅重的铁球慢；但是，如果把拴在一起的两个铁球看作一个整体，就有11磅重，落下的速度应当比10磅重的铁球快。这样，从一个事实中却可以得出两个相反的结论，这怎么解释呢？

伽利略带着这个疑问反复做了许多次试验，结果都证明亚里士多德的这句话的确说错了。两个不同重量的铁球同时从高处落下来，总是同时着地，铁球往下落的速度跟铁球的轻重没有关系。伽利略那时候才25岁，已经当上了数学教授。他向学生们宣布了试验的结果，同时宣布要在比萨城的斜塔上做一次公开试验。

消息很快传开了。到了那一天，很多人来到斜塔周围，都要看看在这个问题上谁是正确的：是古代的哲学家亚里士多德，还是这位年轻的数学教授伽利略？有人说：“这个青年真是胆大妄为，竟想找亚里士多德的错处！”有人说：“等会儿他就固执不了啦，事实是无情的，会让他丢尽了脸！”

伽利略出现在斜塔顶上。他右手拿着一个10磅重的铁球,左手拿着一个1磅重的铁球。两个铁球同时脱手,从空中落下来。一会儿,斜塔周围的人都忍不住惊讶地呼喊起来,因为大家看见两个铁球同时着地了,正跟伽利略说的一个样。这时大家才明白,原来像亚里士多德这样的大哲学家,说的话也不全都是对的。

在这个著名的"两个铁球同时落地"的历史事例中,伽利略首先问"一定是这样吗",然后通过铁球拴在一起的方案来质疑原观点并提出自己的新观点,通过两个铁球落地的实践方案来论证自己的结论,最终完成了一次有效假设闭环,并且是改变世界的一次闭环。

两大思维习惯——首先问为什么、继续问一定是这样吗——能帮助我们养成深入的、系统的思考的习惯,形成三层级结构化思维模式。

第 6 章

职场里的思维差异

针对前文提到的买笔的场景，有个朋友跟我说：“我如果是小明的领导，小明问：‘领导，为什么要买笔，用途是什么？’那我给小明的绩效考核打不及格。”我问：“为什么？”朋友说：“这点小事，你还来问我为什么，能力不行啊，你自己就应该明白怎么做，直接去做就好了。”我另外一个部队的朋友说：“我们这儿就不喜欢问为什么，顶多问个要啥样的，甚至巴不得你连啥样都不问，直接了解领导喜好，通过自己对工作的了解，提前知道应该要什么，最好比领导更清楚领导要什么。我们领导之前说过，要的是我们有思想，有主见。他要一支笔，我们不能问任何问题，心里就应该知道为什么要笔，要什么样的笔，需要花多少钱，直接出去买回来就要比他想要的更好。”

好像很有道理，所以职场中应该不问为什么，直接去做就对吗？

下面我们通过图 1-10 对职场中各层级的思维习惯进行分析。

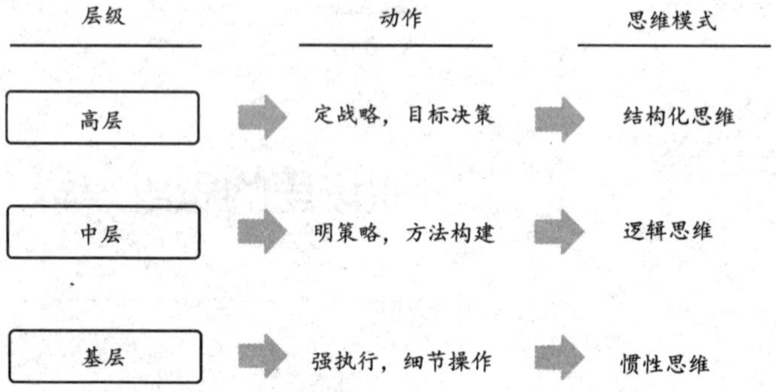

图 1-10

在组织体系里,高层领导明确公司战略方向和经营目标,并做出目标决策和重大业务决策,这些决策基本都是围绕着是否能实现战略方向和经营目标做出的。在确定战略方向和经营目标的过程中,高级领导都会反复问为什么,有什么意义,有什么价值,因为如果意义和价值没有想明白,战略方向和经营目标就形同虚设。

有一位资深的咨询顾问讲解他的咨询经验。他在咨询生涯中接触了大量的老板。最初向老板们汇报时,为了体现出他的专业性,他上来就讲专业方法应该怎样,但是很多时候这样会碰一鼻子灰。大部分老板都会问这样的问题:为什么? 为什么要用这个方法来做,对我们企业有什么用,有什么价值? 能解决什么问题? 跟我们的战略和经营方向是否匹配? 一系列问题把他问蒙了。当他回答不了这个“为什么”时,老板们不会认同他给出的任何解决方案。经历几次这种场景之后,他以后的汇报上来一定讲为什么,目的没有讲明白,不会展开讲任何细节。

老板们大部分都是用结构化思维思考问题的，他们有很清晰的目标，看事情重点看逻辑和方法。他们看中的是这个逻辑方法是不是能实现目标，而不是具体的做法。当逻辑和方法能解释通了，能实现目标，具体做法老板们也就不再过问了。

而对于职场中的中层，在高层定了目标和方向之后，中层更多需要的是基于目标制定策略、构建方法。在这样的场景下，中层需要基于业务逻辑构建各种策略和方法，而不是简单地直接套用历史经验。中层的思维模式以逻辑思维为主，需要结构化思维来与高层进行思维同步，同时惯性思维也少不了，部分场景中的问题可以直接按照历史经验来解决。

而对于基层员工，运用惯性思维思考问题将是常态。

某企业招一位主管，出了一道面试题。

一位公安局局长在路边同一位老人谈话，这时跑过来一个小孩，焦急地对公安局局长说："你爸爸和我爸爸吵起来了！"老人问："这孩子是你什么人？"公安局局长说："是我儿子。"请你回答：这两个吵架的人和公安局局长是什么关系？

对于这一问题，在 10 名应聘者中只有两人答对，这两人被列入主管候选名单。这两人的答案是："局长是个女的，吵架的两人中的一个是局长的丈夫，即孩子的爸爸；另一个是局长的爸爸，即孩子的外公。"而另外 8 人的惯性思维认为，公安局局长是男的，他们在这个思维惯性里没能走出来。该企业认为，主管应走出惯性思维。最终，运用惯性思维的 8 人没有得到继续面试的机会。

对于基层员工来说,重要的是执行力,能够按照历史经验快速有效地把常规工作完成,就是优秀员工;按照领导给的解决方案高质量完成一项非常规工作,就是值得领导信赖的员工。

为什么有些中高层不喜欢基层员工问为什么,因为在中高层看来,基层员工的执行力更重要。领导要的是执行力强的下属,要的是行动派,而不是胡思乱想的空想派。因此,惯性思维所形成的高效与强执行力,是基层员工的优秀职场能力。

那么,是否基层员工就应该成为一个不问为什么的执行者呢?

一个好的基层员工,应当是一个具有较强执行力的人。如果你仅仅就想当好一个基层员工,依靠惯性思维和强执行力是没问题的,但是如果你想继续晋升成为中层,甚至成为高层,那么仅依靠惯性思维和强执行力已经远远不够了。你需要逻辑思维以及结构化思维,因为中高层面临的场景,已经不是靠强执行力和惯性思维就能解决的了。当你有了问为什么这样的思维习惯,恭喜你,你的思维模式进阶了,你有了当领导的潜力。

在职场中要想晋升,我们的思维模式也应当进阶,需要问为什么。但是如果我们又面临不喜欢被问为什么的领导,应该怎么做呢?心里问为什么,把目的排查一遍,跟领导确认你的“为什么”。例如小明可以不直接问领导“为什么要买笔?”改为问:“要开会用的白板笔,还是普通的签字笔?”

第7章

三层级结构化思维的应用

我们来看一个案例。

日本的某个大公司规定，管理者给员工部署任务时，至少要说五遍。具体如下。

第一遍，管理者："工藤，麻烦你帮我做一件 ×× 事。"工藤："是！"转身要走。

第二遍，管理者："别着急，回来。麻烦你重复一遍。"工藤："你是让我去做 ×× 事对吗？这次我可以走了吗？"

第三遍，管理者："你觉得我让你做这事的目的是什么？"工藤："你让我做这事大概是为了咱们这次能够顺利地开展培训，这次我可以走了吗？"

第四遍，管理者："别着急，你觉得做这件事会遇到什么意外？遇到什么情况你要向我汇报，遇到什么情况你可以自己做决定？"工藤："这件事大概有这么几种情况……如果遇到 A 情况我向您汇报，如果遇到 B 情况我自己做决定。您看可以吗？"

最后一遍,管理者:“如果让你自己做这个事,你有什么更好的想法和建议吗?”工藤:“如果让我自己做,可以在某个环节……”

五遍讲完,员工对各种突发情况、场景都有预案了,再去执行。

这是《可复制的领导力》一书中讲到的场景。在这个场景里,管理者运用的是典型的三层级结构化思维。

首先布置了一项任务,让员工复述之后,思考完成这项任务的目的,第一层目的层思考完毕;然后让员工思考完成这项任务的解决方案,第二层方法层思考完毕;第三层进行验证,让员工思考一定是这样吗,实现有效假设闭环。这是一个逐步启发下属思考的过程。

对比我们很多的公司,碰到的大多数领导在布置任务时通常喜欢说两句话,第一句是“看着办,我相信你”,第二句是“不要让我说第二遍”。表面上看,似乎是领导信任下属,放手让对方做,同时领导的权威性也得以体现。但其实在这种模糊不清的指令下,通常会产生以下后果。

(1)员工立即去办了,但因为没搞清目的,拿出的结果与预期不符,导致推倒重来,这种情况是最多见的。大家可以思考一下,我们在做工作的过程中可能做了很多无用功,就是做之前没想那么多,直接去动手做导致的。

(2)员工忙着完成工作,因为还没到工作截止的时间,便没有及时向领导反馈,领导会觉得员工工作不主动,没有及时让自己清楚项目进展。

(3)员工工作出错了,领导会气冲冲地问为什么听不懂指令;员工有问题来请示,领导又怪员工什么都要问他,要员工有啥用处;员工自己做决定了,领导又怪员工自作主张,不和他商量。

总之,员工怎么做都不对。

问题出在哪里？是员工太笨还是领导没说清楚？都不是，布置工作不是简单地发出执行指令，而是一个双向沟通的过程。这个过程需要双方对这项工作的目的、反馈、建议非常清楚。领导不仅要自己一个人清楚，而且要启发员工的思维，以便双方达成共识。

那么怎样启发员工的思维呢？

（1）定要求。清晰地告知对方需要做什么（项目内容、完成时间）。

（2）说目的。首先要让员工理解完成的目的，并和领导达成共识。领导可以直接说这件事的目的，让员工体会，也可以让员工思考目的，说出来让领导确认。领导可以问员工："你来说说做这件事情的目的。"当员工对目的的思考不够准确时，领导再来纠正。这么做比领导直接说出目的更能启发员工的思维，加强其思考的深度。

（3）识方法。让员工思考做这件事的方法，并且把方法讲出来，领导可以对员工给出的方法进行判断和确认。领导直接教员工方法，员工还是惯性思维、习惯性行动。让员工自己思考方法，则可以启发员工思考，并从思考中获得成长。在思考方法的同时，员工要考虑什么情况需要和领导请示，什么情况自己可以做决定，并和领导达成共识。

（4）重闭环。让员工说出更好的想法或建议，思考一定是这样吗，完成思考的闭环。

在以上四个步骤中，领导布置工作应用的是三层级结构化思维，在目的层、方法层和验证层都与员工进行了交流和确认，员工就能跟领导保持一致的思维，形成一致的行动，最终也能保证目标不偏离。领导长期以三层级结构化思维布置工作，员工的思维习惯也将从惯性思维慢慢转成结构化思维。

第8章

你只是接收了信息

互联网时代来临,同时也带来了信息大爆炸,我们通过各种渠道接收大量信息。每天从App、微信、朋友圈等各种渠道阅读各种文章,我们是否就"长知识"了?看这些文章,是否真的能让自己知识更丰富呢?或者说自己以为的"长知识",是否是真的学到了知识?

要理解这个问题,我们需要把信息和知识进行区分。

信息指音讯、消息及通信系统传输和处理的对象,泛指人类社会传播的一切内容。

信息大爆炸时代,我们接触各种信息,而信息是杂乱的、零散的,呈现的状态如图1-11所示。

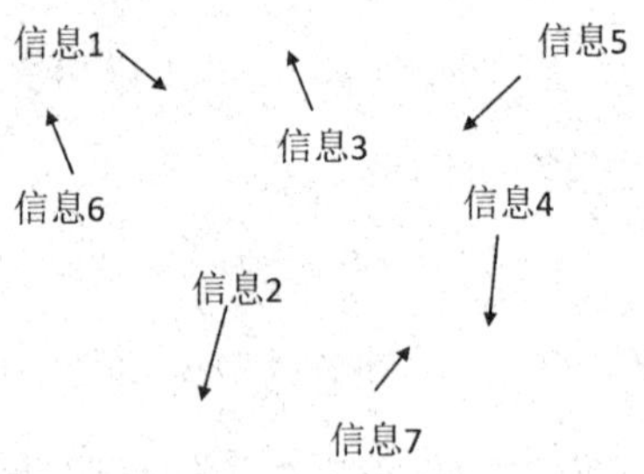

图1-11

我们很多人习惯收集信息。网络时代,我们可以接触到大量信息,有些人会把一些网络媒体的文章读一遍,感叹这篇文章真好,便把这篇文章收藏了。看到另外一篇文章,感觉很好,也立刻收藏了。就像一只松鼠，不断地收藏松果。仿佛收藏了这些文章，就代表自己也有了这样的知识。

真的是这样吗？没有经过思考、没有被理解的都仅是信息而已，你仅仅是收集了信息。

为什么很多人喜欢收集信息？因为他们害怕被时代抛弃，有对新知识的渴求，希望通过大量的信息阅读与收藏，使自己仿佛在进步与成长。

但正是因为这样无效的信息正在不断地侵占你的大脑。这些信息只会带来临时的大脑刺激，让人获得一种廉价的快感。例如八卦文章，越看越起劲，你越喜欢轻易就获得的信息，就越抵触思考和练习，长此以往只会越陷越深。深入思考和刻意练习不会马上带给你快感，而且还会让你不舒服，需要花费更多的精力。而没有思考的阅读却可以让人马上获得愉悦感，不停地受到刺激。

我们阅读了大量文章，文章看完后，我们记住了多少？即便记下来了，就长知识了吗？那什么是知识呢？

知识指人类从各个途径获得的经过提炼、总结与归纳的系统的认识。

我们来看这样一段话。

末位淘汰制是指工作单位根据本单位的总体目标和具体目标，结合各个岗位的实际情况，设定一定的考核指标体系，以此指标体系作为标准对员工进行考核，根据考核的结果对得分靠后的员工进行淘汰的绩效管理制度。

末位淘汰制是对员工进行排序，并在一定的范围内实行奖优罚劣，对排名在后面的员工以一定的比例予以调岗、降职、降薪或下岗、辞退的管理模式。末位淘汰制能给员工以压力,能在员工之间产生竞争气氛,有利于调动员工积极性,进而激发出员工潜力。

听完这段话,你是不是得到一个结论:末位淘汰制是一个能激发员工潜力的绩效管理制度。嗯,挺好,我又掌握了一个知识。但是,你是真的掌握了这个知识么?

我们再来看下面这些话。

(1)用人品去感动别人,用改变去影响别人,用状态去燃烧别人,用实力去征服别人,用行动去带动别人,用坚持去赢得别人,任何环境中你都是个优秀的人!

(2)感激伤害你的人,因为他磨炼了你的心志;感激藐视你的人,因为他激起了你的自尊;感激欺骗你的人,因为他增长了你的智慧;感激遗弃你的人,因为他教会了你独立。

(3)想击败对手,就必须使自己变得更强大,而不是苦心去寻找对手的弱点。如果你强大了,对手也就会相应的弱小了。

这三句话,是人生哲理,或者也可能是“鸡汤”。它们对于你来说,仅仅是一段文字、一段信息,还是知识,甚至是信念?

没有被理解的知识,对于你来说都不是知识,是信息。

如果不能理解以上那段末位淘汰制背后的逻辑,你只是接收了企业管理所形成的信息。如果不能理解上面那三句人生哲理或“鸡汤”,你也只是接收了别人感悟人生所形成的信息。

沈括是我国北宋时期一位杰出的科学家，他会修水利、管财政，还会打仗、写诗，还懂得考古、搞科学研究。总之，他样样精通，什么事到他手里，都难不倒他，而且做得十分出色。沈括才智超群，他是个神童、天才吗？不，他与常人一样。但是沈括的才智与他童年时代的生活环境有关。沈括的父亲是个地方官。小小的地方官常常要受到调遣，沈括就跟着父亲走南闯北，虽然不能安定地生活，倒也饱览了各地风光，熟悉了各地风土人情。再说沈括个性好动，他不喜欢成天关在书房里读书、写字、做文章，他喜欢走出书房到外面去游玩。他爱看这看那，爱听这听那，爱问这问那，有时还动手摸这摸那，对一切事物都那么好奇：他看渔民们驾着小舟赶鸬鹚下河捕鱼；他听渔民们讲怎样从水里捕上一条比船还要大的鳄鱼；他问农民为什么高山桃花比山麓的桃花开得晚；他在陕北看到当地居民们用罐子收集从地底下冒出来的石油，用来点灯。沈括也参加收集，并亲自动手燃烧石油收集烟灰制成墨。少年时代的沈括就是这样一个热爱观察生活的人。他什么都想看，什么都想听，什么都要问，什么都想参加，什么都想动。把这些看来的、听来的、问来的、动手做过的，都一一记下，成为一则一则材料，后来经过核实整理都收集在《梦溪笔谈》这部书里。

将信息充分咀嚼、消化、理解，错综复杂的信息才能转变成自身的知识，才能对个人有帮助。

第 9 章

信息变知识三步法

把信息变成知识,需要的是对杂乱无章的信息进行整理,找到其中的逻辑或规律,形成个人能理解的结构化信息,并对其进行吸收。

没有被吸收的信息,不是知识。只有将信息结构化并吸收,信息才可以转化成知识,如图 1-12 所示。

这里应用的思维方式,即结构化思维方式。

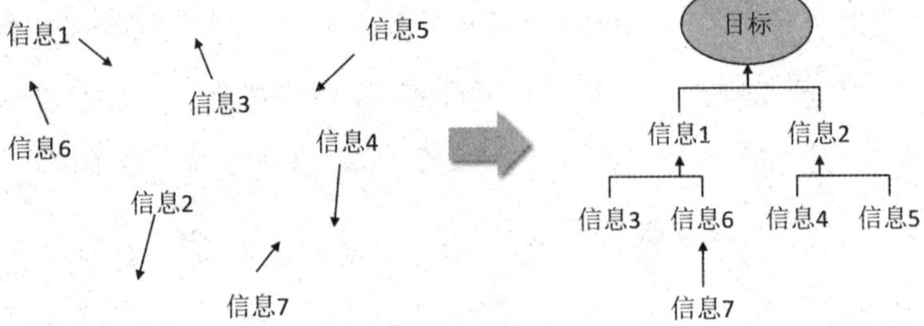

图 1-12

如何将信息结构化并理解吸收?可应用三层级结构化思维来实现。具体步骤如下(图 1-13)。

第一步，目的层，明确目的和价值或核心结论。

第二步，方法层，分析实现目的的方法或逻辑。

第三步，验证层，验证方法或逻辑是否正确，完成有效假设闭环。

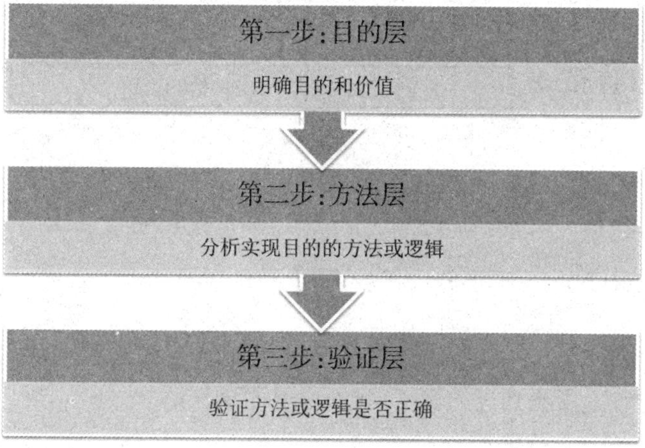

图 1-13

我们用上文的“末位淘汰制”做个例子。

目的层：结论，末位淘汰制是一个能激发员工潜力的绩效管理制度。

方法层：分析为什么能激发员工潜力？原因：对员工进行排序，能给员工以压力，能在员工之间产生竞争气氛，有利于调动员工积极性，进而激发出潜力。特别是单兵作战的专业领域，末位淘汰制能有效地激发员工潜力。

验证层：拿自己或周围以前出现过的场景案例进行多次验证，例如销售团队应用末位淘汰制能有效激发员工潜力。若多次验证确如以上方法层的逻辑，则认同结论。

信息结构化后如图 1-14 所示。

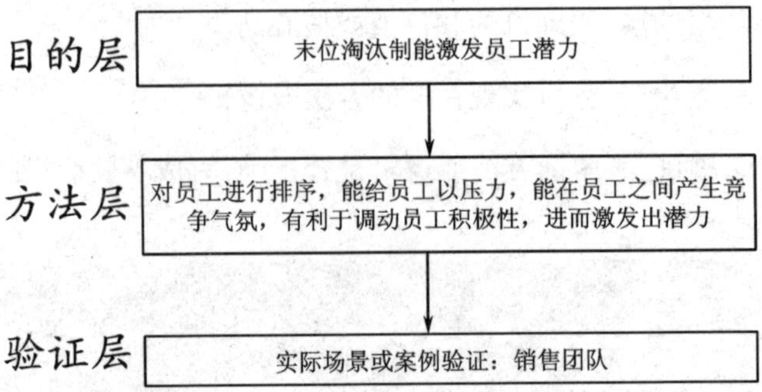

图 1-14

有人会说,末位淘汰制能激发员工潜力,我看完马上就懂啊,我就记住结论就可以了,不用走完这三步,我也具备知识了。

真的吗？那我们来换个场景。

还是看上面提到过的例子,我们看下面这句话。

想击败对手,就必须使自己变得更强大,而不是苦心去寻找对手的弱点。如果你强大了,对手也就会相应的弱小了。

这句话,对于你来说是信息还是知识？我想如果你本人或周边的人没有真实案例,你很难认同这句话,那这句话对于你来说就是信息。当你身边有了真实案例,你会理解并认同这句话,信息也就上升到知识了,并可能进一步上升到信念。当你在想自身或周边真实案例时,其实这三步法你已经走了一遍,并完成了有效假设闭环。

信息结构化后如图 1-15 所示。

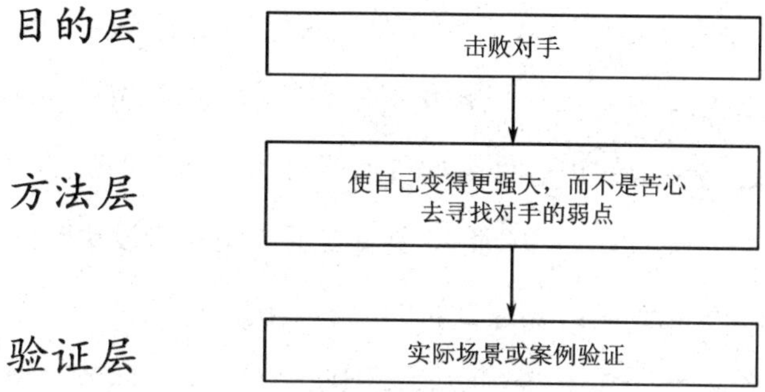

图 1-15

我们再来看下面这段话。

信息结构化后可以转化成知识。如何结构化？可应用三层级结构化思维来实现。

第一步：目的层，明确目的和价值。

第二步：方法层，分析实现目的的方法或逻辑。

第三步：验证层，验证方法或逻辑是否正确。

这段话对你来说，是信息还是知识呢？即便看完这段话，相信很多人仅仅只是接收了信息，并没有将其转化成知识，或者并不理解或认同上面的方法，进而无法吸收。那为什么末位淘汰制能激发员工潜力，这个很容易成为知识呢？其实在你看这段话的时候，就已经走了以上的三步：

第一步，先看到了结论；

第二步，看到了结论的分析逻辑，感觉逻辑挺合理，有熟悉感，能够理解；

第三步，你自然而然地对你历史的工作经验进行了感悟，也就是进行了验证，发现确实是这样，所以这样一个结论，你很轻松就记住了。

这样的信息通过刚刚这三步,其实已经结构化了,成了知识。

对于"信息结构化后可以转化成知识"这段文字,第一步目的层比较陌生,对信息转变成知识这件事的价值或目的没感觉;第二步方法层也很陌生,没这么做过,也不太好理解;更重要的是第三步没法验证,以前没这么做过,也很少见到周边人这么做的成功案例。这三步没有走通,三层级结构化没完成,信息没有得到吸收。因此,"信息结构化后可以转化成知识"这段内容,对你而言,还只是信息。

那怎样才能把"信息结构化后可以转化成知识"这段文字转变成自己的知识呢?——实践。

实践是检验真理的唯一标准,实践也是将信息转化成知识的重要方法。

找一个实践场景,按照这三步走一遍,走完之后再进行体会。

例如,下面这段话:"想击败对手,就必须使自己变得更强大,而不是苦心去寻找对手的弱点。如果你强大了,对手也就会相应的弱小了。"把这段话转化成知识应该怎么做呢?

第一步,找一个场景,确定该场景的目的为击败对手。

第二步,让自己变得强大,并非寻找对方的弱点。

第三步,最终确实击败了对手,验证通过。

通过以上这三步完成了"想击败对手,就必须使自己变得更强大,而不是苦心去寻找对手的弱点。如果你强大了,对手也就会相应的弱小了。"这段话从信息到知识的验证。

当实践完这三步后,"信息结构化后可以转化成知识"这段信息已经通过了目的层、方法层和验证层形成了有效假设闭环。这样,"信息结构化后可以转化成知识"就从信息转变成了知识。

第10章

打破砂锅问到底

按照三层级将信息结构化，就能将其转变成知识了吗？还不够。

A在投资公司做投资经理。投资公司面向各行各业，需要快速了解一个行业和一个企业，并且决定是否进行投资。这对投资经理的要求非常高，需要他们在短时间内快速掌握这个行业的大量信息，并且快速形成对这个行业的认知，具备跟对方沟通的知识，这样才能确保投资准确无误。A是如何做的呢？首先肯定要对意向企业进行调研，调研就是将各种信息汇集整理形成知识的过程。以下是A调研时的常见状态。

A："请问你们的竞争要素是什么？"

意向企业："快速占领市场。"

A："为什么快速占领市场是你们的竞争要素？"

意向企业："这个细分市场还没有发展起来，行业内没有巨头和品牌。"

A："那市场没有发展起来，快速占领市场也能是别人的竞争要素，为什么你认为你更具备优势呢？"

意向企业："因为我们拥有核心人才和技术优势。"

A:“核心人才和技术优势体现在哪里?”

意向企业:“我们的团队来自……,我们的产品是对工业和信息化的高度融合,体现在……。”

不断地发问,确认信息,最终A构建出了关于意向行业及企业的以核心竞争要素为目标的结构化认知体系。

在信息结构化的过程中,需要打破砂锅问到底。只有把所有为什么解决了,才能真正把目的层和方法层理解到位,这样一来,知识才是巩固的、扎实的。

不断问为什么,重点是强化对目的和方法的理解。

美国华盛顿广场有名的杰弗逊纪念大厦,因年深日久,墙面出现裂纹。为能保护好这幢大厦,有关专家进行了专门研讨。

最初,大家认为损害建筑物表面的元凶是酸雨的侵蚀。

专家们进一步研究却发现,对墙体有侵蚀作用的是每天冲洗墙壁所用的清洁剂。

为什么每天要冲洗墙壁呢?是因为墙壁上每天都有大量的鸟粪。

为什么会有那么多鸟粪呢?因为大厦周围聚集了很多燕子。

为什么会有那么多燕子呢?因为墙上有很多燕子爱吃的蜘蛛。

为什么会有那么多蜘蛛呢?因为大厦四周有蜘蛛喜欢吃的飞虫。

为什么有那么多飞虫呢?因为飞虫在这里繁殖得特别快。

而飞虫在这里繁殖得特别快的原因,是这里的环境最适宜飞虫繁殖。

为什么这里的环境最适宜飞虫繁殖?因为开着的窗使大厦里面阳光

充足，因而大量飞虫聚集在此，超常繁殖……

由此发现，解决问题的办法很简单，只要拉上整幢大厦的窗帘就可以了。此前专家们设计的一套套复杂而又详尽的维护方案也就成了一纸空文。

“为什么”都解答完毕了，是否就够了？还不够，验证层还需要进一步发问。

再来看前面提到的这段话。“想击败对手，就必须使自己变得更强大，而不是苦心去寻找对手的弱点。如果你强大了，对手也就会相应的弱小了。”

运用三步法，把信息结构化并做了验证，自己确实有了通过让自身变强大进而击败对手的经验，验证层也完成了有效假设闭环，看来这段话是可以确认成知识了。

我们再继续问下面这些问题：一定是让自己变得强大吗？自身并不强大，寻找对手弱点来击败对手是否就不对呢？会不会靠寻找对手弱点来击败对手也是正确的呢？当然正确。那么，继续思考，什么情况下通过让自身变得强大来击败对手是更正确的，什么情况下靠寻找对手弱点也是正确的呢？

这个时候我们会发现，知识是多种多样的。或者说，特定的知识，仅仅适用于特定的场景，也就是适用于特定的信息环境。一旦场景或信息环境发生变化，知识也可能发生变化。

当反问一定是这样吗，可能就找到了另一个答案。当对手过于强大且必须要胜利或需要建立胜利的信心时，靠找出对方弱点击败对手也是合适的。那么，我们可以丰富场景，添加更多的信息，让知识更成体系，如

图 1-16 所示。

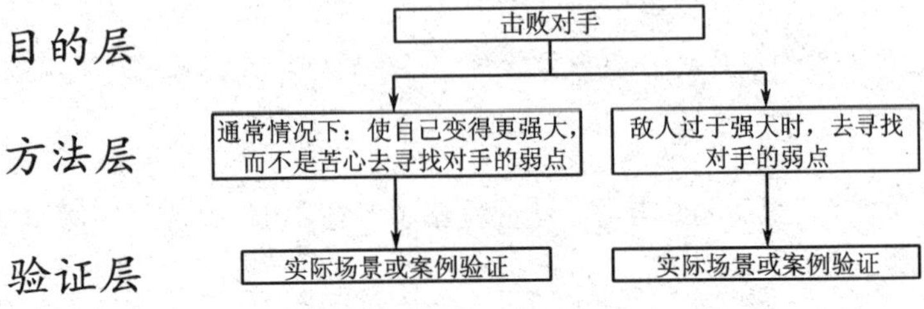

图 1-16

同样,再来看下“末位淘汰制能激发员工潜力”这个知识点。反问:一定是这样吗?末位淘汰制下,由于排序的原因,员工的心理压力很大,每日惶惶不安,同事关系也很紧张,团队精神差,对于需要团队紧密配合的领域,末位淘汰制可能难以激发员工潜力。例如需要团队紧密配合的研发团队,末位淘汰制的刺激效应可能会失效。

这样的知识体系如图 1-17 所示。

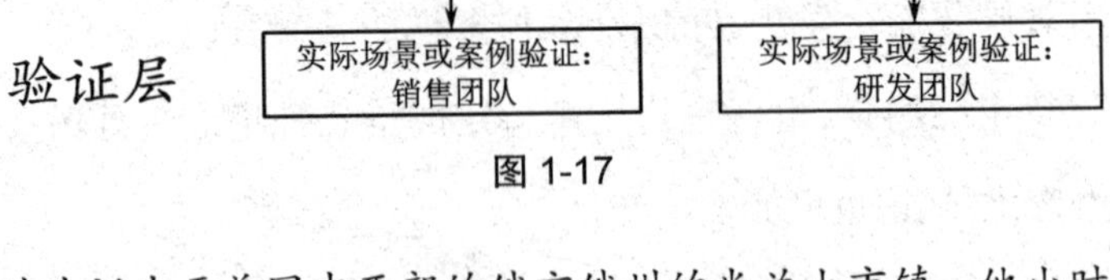

图 1-17

爱迪生诞生于美国中西部的俄亥俄州的米兰小市镇。他小时候好奇心很强,喜欢问东问西。不同的是,“爱迪生比一般孩子更有好奇心,并且有一种将别人告诉他的事情付诸实践的本能,以及两倍于他人的精力和创造精神”。他提出的一些问题虽然不重要，但却不容易回答。由于他问的问题太多，他家的大多数成员甚至都不想再回答了。但是，他的父母总是试图帮助他。

一次他问父亲：“为什么刮风？”父亲回答：“孩子，我不知道”。爱迪生又问：“你为什么不知道？”

一次，到了吃饭的时候，仍不见爱迪生回来，他的父母很焦急，四下寻找，直到傍晚才在场院边的草棚里发现了他。父亲见他一动不动地趴在放了很多鸡蛋的草堆里，就非常奇怪地问：“你这是干什么？”小爱迪生不慌不忙地回答：“我在孵小鸡呀！”原来，他看到母鸡会孵小鸡，觉得很奇怪，想自己也试一试。当时，父亲又好气又好笑地将他拉起来，告诉他，人是孵不出小鸡来的。在回家的路上，他还迷惑不解地问：“为什么母鸡能孵小鸡，我就不能呢？”

1855年，爱迪生开始上学，那所学校只有一个班级，校长和老师都是恩格尔先生。因为爱迪生有刨根问底的天性，在上课时经常问老师一些另类的问题，仅仅三个月，他就被老师以“低能儿”的名义撵出了学校。

爱迪生刨根问底的习惯，最终让他成为举世闻名的“发明大王”。他一生有印刷机、留声机、电报机等两千多种发明，其中高电阻白炽灯是他最伟大的发明之一，这项发明把人类带进一个崭新的电光世界，在科学史上开辟了一个新纪元。

打破砂锅问到底，就是要不断问为什么以及一定是这样吗，以此来打通目标层、方法层和验证层，完成有效假设闭环，从而将众多信息构建成知识体系。

第11章

“脱口而出”的才叫知识

完成了信息三层级结构化,并且经过打破砂锅问到底,是否就意味着已经把信息很好地变成知识并吸收了?不,还需要进一步强化。

有很多人都挺喜欢看书的,认为学习是一种好习惯。每天学习大量的知识,但是从来不去应用,当别人问自己真正学到了什么的时候,突然发现自己什么都说不出来。其实这样是走入了一个误区,把看了多少等同于学到多少,其实看到的仅仅是信息,没有经过结构化,更重要的是,没有被理解吸收。真正的学习是能够内化于心、外化于行的。真正学到的知识应该能够脱口而出,并能够在生活中熟练地应用。

有一位资深的培训师,全年讲课超过100次以上。有一次遇到一位学员,学员说:“我已经是第三次听您讲课了,每次听,都觉得听懂了,但是后面过段时间又忘了。有时候将您传授的知识进行应用,才发现还是没真正搞明白,所以我反复来听您讲。希望这次能真的听明白,如果还没真正听懂,我下次再来。”

培训师对他说："我教你一招，你能做到，你就能把我传授的知识变成你的知识，你以后就不用再来听了。这次回去后，你把我教你的知识，原样讲给你的同事们，多讲几次，什么时候你能把这个知识脱口而出了，你就真的掌握了。"

学员听了后，回去真的照做执行。后面他偶然又遇到培训师，他跟培训师说："那次按照您说的方式做了，果然有效，我已经能把您教的知识脱口而出了，并且我感觉我真的掌握了它！"

其实很多人都是这样的，感觉自己当时听懂了，基本也按照三步法完成了有效假设闭环，但是过段时间，发现又有点似懂非懂，这其实就是因为知识没有得到巩固。

那怎样才能有效地巩固知识呢？知识管理领域有一个概念叫"费曼技巧"，取自美国物理学家理查德·P. 费曼（Richard P. Feynman）之名，核心观点就是"以教促学"。当你能教会别人时，其实就意味着你已经学会了。

"以教促学"描述的是这样一个学习过程。

（1）为自己确定了一个目标，想学习某些知识，为了深入研究并学以致用，你假设自己正在教导别人。

（2）为了能教导别人，你需要对正在学习的信息进行拆解，按照逻辑将其拆解成二级或三级甚至更多级别的信息，形成逻辑树。

（3）从下往上理解各层级的信息，最后到达顶端，形成结论。

（4）为了能教导别人，让别人能按照这个逻辑理解这些信息，你把你的理解用案例或周边一些真实场景进行阐述，体现出逻辑的正确性。

(5)因为你能用自己的语言和经历重新描述这些信息,你对这些信息的理解非常深入,并且能举一反三,这时,这样的逻辑结构树以及结论就从信息变成了你能随时运用的知识。

这个流程如图 1-18 所示。

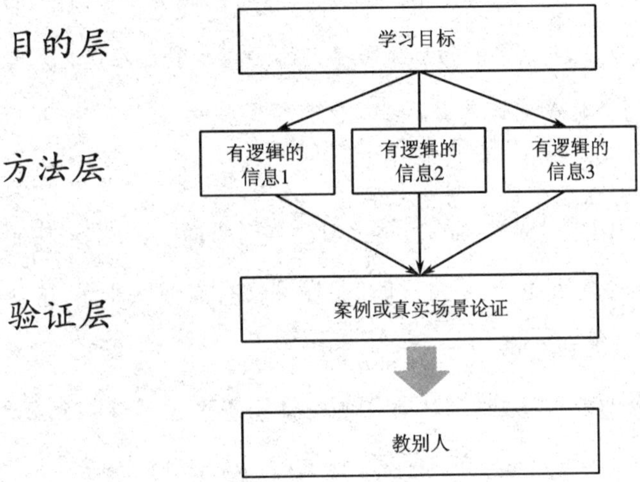

图 1-18

我们会发现,这样一个流程,完整地完成了信息变知识的三步法。

我们在讲知识的时候,其实大体也是这样一个流程。

首先,我们一般会讲结论。

其次,我们会按逻辑讲解这个知识点。

最后,会举一些案例来证明。

这也完成了信息变知识的三步法。

把知识多讲几次,完成多次信息变知识三步法的训练,以致最后能够脱口而出,这样信息就真的变成了知识,能够真正应用于实际了。

很多企业安排员工参与外部培训，在获得知识后，要求该员工对内进行转培训，并非奢求转培训的效果有多好，重点希望参与外部培训的员工能够自己讲出来，完成信息变知识的三步法，让参与外部培训的员工真正消化知识。

当你希望真正掌握某些知识时，尝试把这些知识对别人讲出来，多讲几次，直到能够脱口而出了，这个知识就完成了转化，变成了你的知识。

第12章

狭义知识和广义知识

随着时代的发展和环境的变化,信息其实也在发生变化,对应的知识其实也会发生变化。

有一位在大企业工作的经验丰富的高层,被行业内一个快速发展的小企业挖过去当总裁。老板对新总裁寄予厚望,希望他能帮助企业实现更高速的发展。

新总裁到岗后,第一个月了解了公司的很多情况,随之就开展了一系列大刀阔斧的改革。

他发现该小企业招标采购部门同时管着招标、采购合同谈判、签订,他认为贪腐风险非常大。于是他引入他曾经在大企业的规范做法,将采购部门一分为二:一个部门为采购部,负责开展招标采购活动,制定采购清单,确定供应商;一个部门为合同部,负责价格谈判、合同拟定和签订。

老板听了觉得很有道理,下令马上执行。执行几个月之后,由于原本一个部门的工作现在分为两个部门来做,人员增加,成本增加。同时,由于采购部和合同部存在制约关系，工作配合度不高，出现了大量扯皮的现象，存在很多争议事项，效能下降了，采购进度由之前的半个月上升到一个月。最终出现大量订单违约，很多业务开始受影响。

由于采购效能的下降以及引发出的更多业务问题，原本快速发展的企业突然陷入停滞，最终老板一怒之下，辞掉了新总裁。

这位新总裁犯了什么错误？不顾环境变化，照搬狭义知识。

我们将知识进行如下分类。

狭义知识：基于局部信息所形成的知识，能适用于局部环境或场景。

广义知识：基于广域信息所形成的知识，能适用于大多数环境或场景。

在职场中，我们很多人工作所形成的知识，其实大多是狭义知识，也就是仅仅适用于某些历史环境、对应某些场景的知识。

这位新总裁由于历史的工作经验，形成了这样一个认知：与采购和合同签订有关的工作由两个部门分工开展，可以有效杜绝贪腐。这构成了他的知识体系，这本身有没有错误呢？没有错。但是这其实是一条狭义知识，仅仅在某些场景或环境下有作用，场景变化了，这个知识本身就有问题了。

我们来进行场景的多样化分析。对于大企业，工作规范化很重要，贪腐风险是重要风险。从风险第一的角度看，将采购和合同签订职能分开，这么做是对的。但是这个做法是否适用于小企业呢？对于发展中的小企业，发展第一位，效率更重要，贪腐风险对致力于快速发展的小企业来说，并不是第一位的。但把采购和合同签订两个职能分由两个部门履行,并且相互制约,导致的结果便是效率下降。效率下降将直接影响小企业快速发展目标的实现。由此,当我们深入思考这种做法后,会发现之前的知识其实是片面的,需要更全面地去认知它。这样片面的知识是狭义知识,全面思考后,会形成更全面的知识:与采购和合同签订有关的工作由两个部门分工开展,可以有效杜绝贪腐,但会导致工作效率下降。

基于以上这个场景,我们掌握了两个知识点。

(1)与采购和合同签订有关的工作由两个部门分工开展,可以有效杜绝贪腐。

(2)与采购和合同签订有关的工作由两个部门分工开展,会导致工作效率下降。

但要想把这些知识变为广义知识,我们还需补充一些信息。

广义知识需用三层级结构化思维构建,如图 1-19 所示。

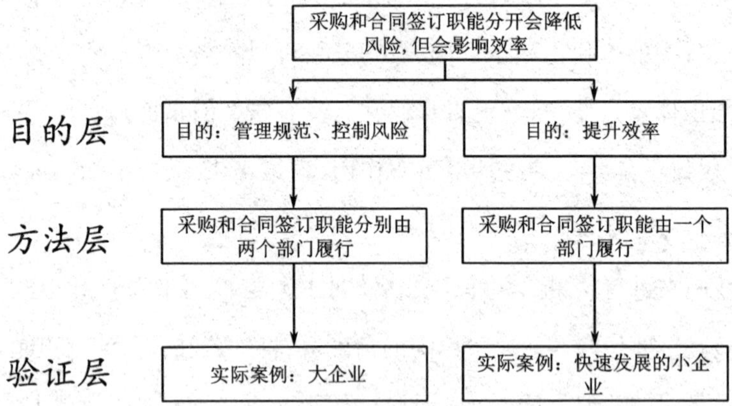

图 1-19

如果上例中的总裁,能够将狭义知识升级为广义知识,那么这位新总裁可能就不会出错了,企业也能良性运行了。

那如何将自身的狭义知识变成广义知识呢？还是需要用三层级结构化思维解决。具体体现为以下“三问”。

第一问:为什么?

第二问:一定是这样吗?

第三问:是否能实现有效假设闭环?（结果验证）

其实上面这个案例补充信息的过程也是回答“三问”的过程。

第一问:为什么？价值是什么？效益、效率、效能是怎样的?

效益:规范化、贪腐风险小。

效率:下降,采购和合同签订职能分开的价值是降低风险,但影响效率。

第二问:一定是这样吗？一定要把采购和合同签订职能分开吗?

不一定。从目的出发,当企业追求效益,也就是降低贪腐风险时,应当将采购和合同签订职能分开;当企业追求效率时,应当将采购和合同签订职能合并。

第三问:是否能实现有效假设闭环?

大企业将采购和合同签订分工开展控制风险,小企业将采购和合同签订职能合并帮助实现快速发展。

最终也能形成如图 1-19 所示的广义知识。

第 13 章

与人讨论

我们很多人的知识体系里的知识,其实都是狭义知识,这些知识是基于某些信息形成的,只适用于部分场景,一旦场景和信息发生变化,知识将无法适用。

那我们如何将自身的狭义知识变成广义知识呢?

与人讨论。真理越辩越明,其实就是知识越辩越明。

孔子向东游历,见到两个小孩儿在争辩,就问他们争辩的原因。一个小孩儿说:“我认为太阳刚刚升起的时候距离人近,而正午的时候距离人远。”另一个小孩儿认为,太阳刚刚升起的时候距离人比较远,而正午的时候距离人比较近。一个小孩儿说:“太阳刚出现时像车轮一样大,到了中午时就如同盘子一般小了,这不是远小近大的道理吗?”另一个小孩儿说:“太阳刚出来时感觉凉爽,到了中午的时候感觉热得如同把手伸进热水中,这不是近的就感觉热,而远的就觉得凉的道理吗?”孔子听了之后也不能判断他们俩谁对谁错。两个小孩儿笑着对孔子说:“是谁说你有智慧呢?”

这是经典的“两小儿辩日”的故事。

从这个故事中我们能看出什么呢？从现代人的认知看，其实早上和中午太阳与地球的距离很接近，不是肉眼能看出来的。其实，两小儿辩日的结论不重要，我们需要看的是，这样的辩论能够引发我们怎样的思考。

两个小孩儿有着不同的认知。第一个小孩儿的认知是太阳刚刚升起的时候距离人近，而正午的时候距离人远，他形成这个认知的原因是来自这样的信息：太阳刚出现时像车轮一样大，到了中午时就如同盘子一般小了。这样的信息代表着远小近大的逻辑，所以太阳刚刚升起的时候距离人近，而正午的时候距离人远。将他的知识结构化，如图 1-20 所示。

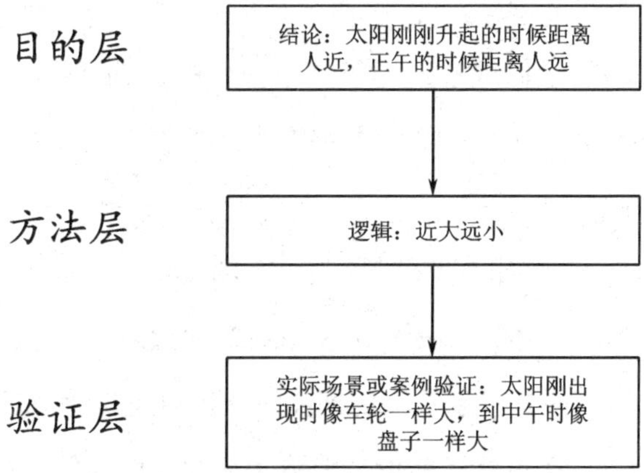

图 1-20

而第二个小孩儿的认知是太阳刚刚升起的时候距离人比较远，而正午的时候距离人比较近，他形成这个认知的原因是来自这样的信息：太阳刚出来时感觉凉爽，到了中午的时候感觉热得如同把手伸进热水中。这样的信息代表近的感觉热，而远的就觉得凉。所以太阳刚刚升起的时候距离人比较远,而正午的时候距离人比较近。将他的知识结构化,如图1-21所示。

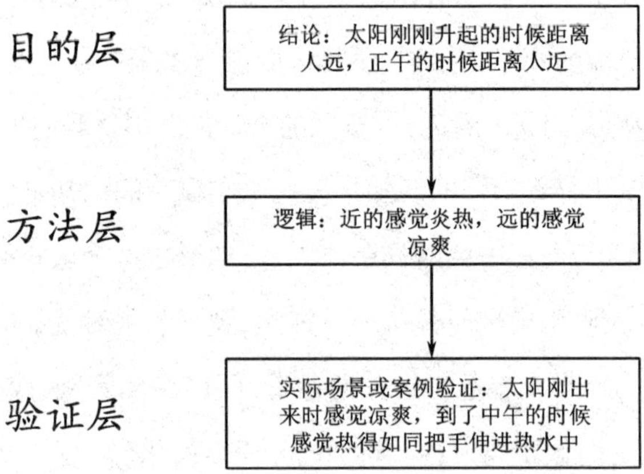

图 1-21

我们会发现,他们观察的场景是不一样的,获取的信息也是不一样的,应用的逻辑方法也不一样。最后得到不同的结论,最终两人获取的知识是有差异的。

这样的讨论会有什么效果呢?一旦讨论起来,首先开口表达自己的观点,就是在整理自己的知识体系,实现"脱口而出的知识才是知识"。但是,自身的认知可能是基于某个场景和信息认知到的,例如第一个小孩儿观察到太阳大小,通过这样的信息形成了认知。但这仅仅是其中某些场景,并不全面。这样的知识其实是狭义知识。而参与讨论的人会将他的认知内容阐述出来,补充他获得的信息以及他的逻辑方法,最终讨论的结果可能会把各自的狭义知识通过讨论形成广义知识,从而形成参与讨论的各方的共同认知。

我们再来看一个故事。

有一次，苏格拉底与一位青年学生讨论道德问题。苏格拉底问这位青年：“人人都说要做有道德的人，你能不能告诉我什么是道德呢?”那位青年回答说：“做人要忠诚老实，不能欺骗人，这是大家公认的道德行为。”苏格拉底接着问道：“你说道德就是不能欺骗人，那么在和敌人交战的时候，我方的将领为了战胜敌人，取得胜利，总是想尽一切办法欺骗和迷惑敌人，这种欺骗是不是道德的呢？”那位青年回答道：“对敌人进行欺骗当然是符合道德的，但欺骗自己人就是不道德的了。”苏格拉底接着问道：“在我军和敌人作战时，我军被包围了，处境困难，士气低落。我军将领为了鼓舞士气，组织突围，就欺骗士兵说，我们的援军马上就到，大家努力突围出去。结果士气大振，突围成功。你能说将军欺骗自己的士兵是不道德的吗?”那位青年回答说：“那是在战争的情况下，是一种特殊的情况。我们在日常生活中不能欺骗人。”苏格拉底接着问道：“在日常生活中，我们常常会遇到这种情况，儿子生病了，父亲拿来药儿子又不愿意吃。于是，父亲就欺骗儿子说，这不是药，是一种好吃的东西，儿子吃了药病就好了。你说这种欺骗是不道德的吗?”那位青年只好说：“这种欺骗是道德的。”苏格拉底又问道：“不骗人是道德的，骗人也是道德的，那么什么才是道德呢?”那位青年回答说：“你把我弄糊涂了，以前我还知道什么是道德，现在我不知道什么是道德了。那么您能不能告诉我什么才是道德呢?”苏格拉底笑着回答道：“其实，道德就是道德本身。”

在这个故事里，苏格拉底在不断举反例，来论证青年关于什么是道德的认知。

前文提到,要将狭义知识变成广义知识,可以不断问为什么、一定是这样吗,引用不同的案例来反证,以确保认知符合各种不同场景,是基于更多信息形成的,这样就是在将狭义知识慢慢拓展成广义知识。若是自己思考,不断反问的状态是非常态的;若是讨论,这样的不断反问是常态的,效果会更明显。

有一位企业主管,加入了一家只面向一个行业的咨询公司,但他并没有这个行业的工作经验。第一个咨询项目需要帮企业建立业务流程,他完全是蒙的,对这些流程一点不熟悉,跟客户完全没有办法讨论,怎么办呢?他采取的方式是,把这个企业的业务流程全部背下来。第二个项目是给另外一个企业梳理流程,他便把做上个项目背下来的流程跟客户讲,客户开始与他讨论这些流程的合理性,他开始慢慢理解,有些流程只适用于某种场景,这其实是狭义的知识。在另外的场景中,流程应该调整。到了第三个项目,他已经能够很熟练地跟客户讨论这些流程了。经历几个项目后,这位咨询师关于该行业流程方面的知识已经很丰富了,最后被其中一个客户挖过去,成为高层。这位咨询师的做法,是通过与人讨论,将原本陌生的流程信息,转变为狭义知识,再将其转变为广义知识,最终构建了自身的知识体系。

与人讨论,便完成了知识整理与巩固的两步:

(1)梳理自己的知识;

(2)将自身的狭义知识变成广义知识。

第 14 章

从信息到知识的路径

我们把从信息到知识的路径进行梳理，形成如图 1-22 所示路径图。

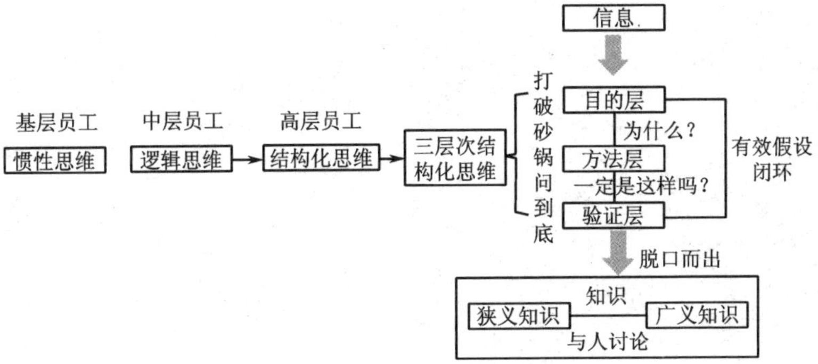

图 1-21

02

第二篇

从知识到能力

——行为模式篇

From Knowledges to Ability

——Behavior Model

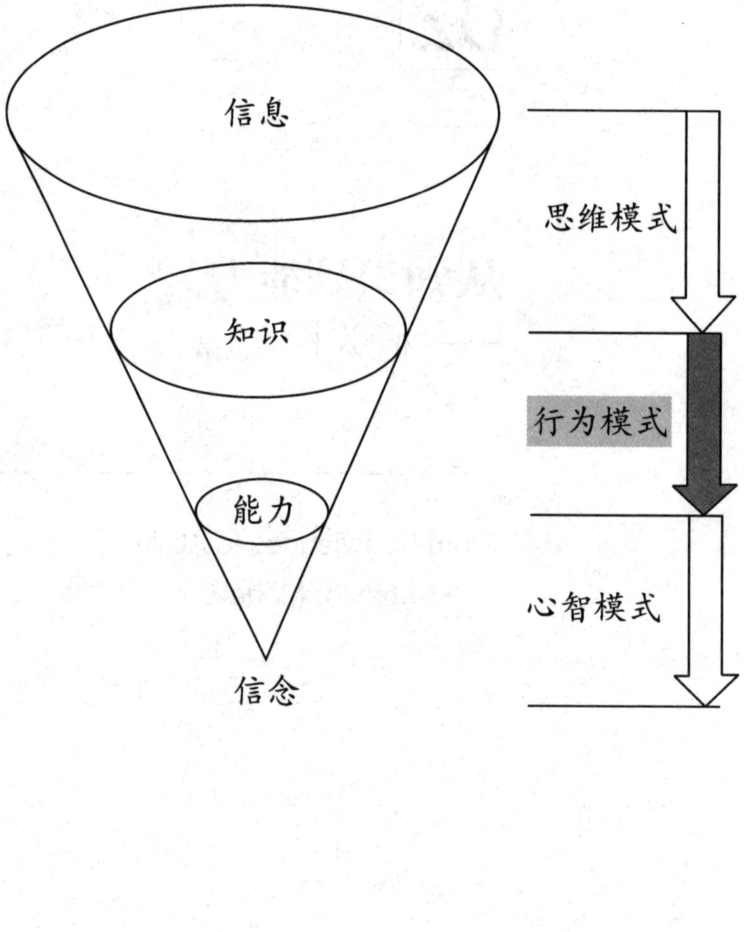

信息
知识
能力
信念
思维模式
行为模式
心智模式

第 15 章

两种行为模式

人类行为模式有很大差异，按最基础的分类方式可以分为两种：被动式行为模式和主动式行为模式。

被动式行为模式即“刺激→反应”模式。在这种模式下，人在受到刺激后，会由先天基因、潜意识等自动做出反应。这种模式最常见的就是我们的习惯。日常活动中约有 40% 的行为是习惯行为，也就是被动式行为。被动式行为对应的思维习惯，通常是惯性思维，按照潜意识、行为惯性直接产生动作，形成结果。

主动式行为模式即“刺激→思考→行为”模式。碰到问题、难题，理性思维较强的人经常会用这种模式。这种模式比较耗费精力，因此大部分人习惯于更为简单的被动式行为模式（由潜意识、习惯自动做出反应）。主动式行为模式对应的思维模式，主要是逻辑思维，在外部刺激下，经过思考形成行为结果。

人在两种模式下的行为过程如图 2-1 所示。

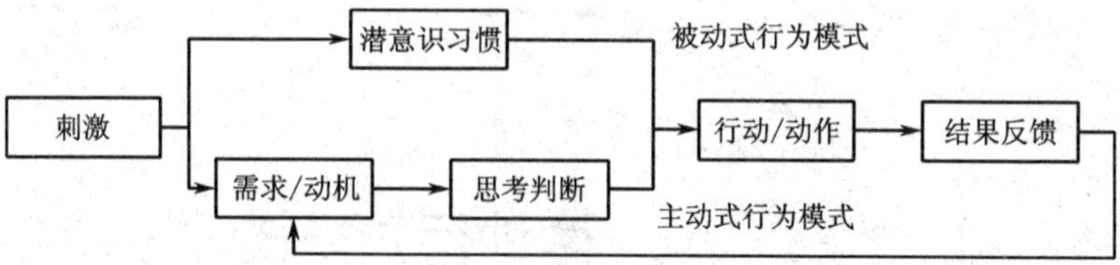

图 2-1

1492 年,哥伦布发现了新大陆。从海上回来,他成了西班牙人民心目中的英雄。国王和王后也把他当作上宾,封他做海军上将。可是有些贵族瞧不起他,他们用鼻子一哼,说:“这有什么稀罕的?只要坐船出海,谁都会到那块陆地的。”

在一次宴会上,哥伦布又听见有人在讥笑他了。“上帝创造世界的时候,不是就创造了海西边的那块陆地了吗?发现?哼,这算得了什么!”哥伦布听了,沉默了好一会儿,忽然从盘子里拿了个鸡蛋,站了起来,提出一个古怪的问题:“女士们,先生们,谁能把这个鸡蛋竖起来?”

鸡蛋从这个人手上传到那个人手上,大家都把鸡蛋扶直了,可是一放手,鸡蛋立刻倒了。最后,鸡蛋回到哥伦布手上,满屋子鸦雀无声,大家都要看他怎样把鸡蛋竖起来。

哥伦布不慌不忙,把鸡蛋的一头在桌上轻轻一敲,敲破了一点儿壳,鸡蛋就稳稳地直立在桌子上了。

“这有什么稀罕的?”宾客们又讥笑起哥伦布来了。

“本来就没有什么可稀罕的,”哥伦布说,“可是你们为什么做不到呢?”

宾客们一个个强词夺理:“鸡蛋都破了,那算什么呢?”

哥伦布却继续保持不以为然的态度:“我们在说立鸡蛋的时候,说过不允许把鸡蛋敲破吗?”

哥伦布离席而去时还留下了一句令人回味的话:“我能打破常规,做到你们做不到的,这就是我胜过你们的地方。”

宾客们一时哑口无言。

我们来分析下这个故事里宾客们的行为方式(如图 2-2 所示)。

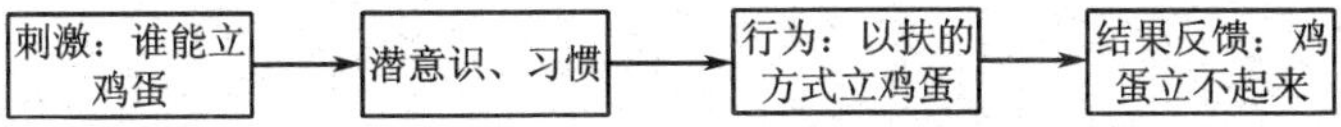

图 2-2

这是一种典型的被动式行为模式,是典型的“刺激→反应”模式,刺激到反应之间,缺乏思考或者是惯性思维、习惯在起作用。

看看哥伦布的行为方式(如图 2-3 所示)。

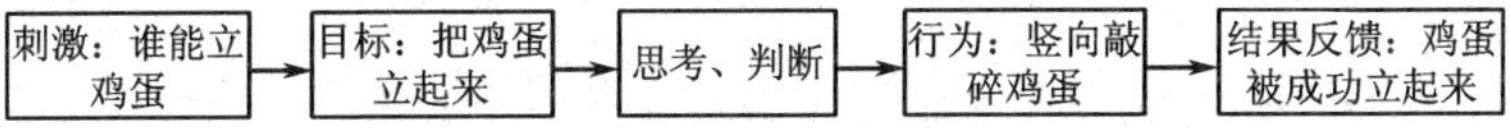

图 2-3

这是一种典型的主动式行为模式,是“刺激→思考→行为”模式,在刺激和行为之间,有思考、判断,最终实现了目标。

第16章

目标激发能力

先来解读“能力”这个词。能力是完成一个目标或者一项任务所体现出来的综合素质。人们在完成任务的过程中表现出来的能力有所不同,能力能直接影响效率,并且是任务顺利完成的个性特征。音乐能力、绘画能力、数学能力、运动能力等都是能力的一种,时间管理能力、高效沟通能力、人脉经营能力等也是能力的一种。

那怎样才能有能力呢?我们先来看这样一个故事。

白龙马和拉磨驴是一对非常要好的朋友,有一天,唐僧要去西天取经,海选一匹马,白龙马过五关、斩六将最终被唐僧选上。白龙马就这样和唐僧一起上路了。拉磨驴还在每天不停地拉着它的磨。

十四年后,白龙马伴随唐僧从西天取得真经回来了,自己也修得正果。但它没有忘记自己的好朋友拉磨驴,它来看望它的朋友。

拉磨驴:“谢谢你还记得我。”

白龙马:“我哪能忘记好朋友呢。”

拉磨驴："十四年来你辛苦了，伴随唐僧取得了真经。"

白龙马："是啊，我走过了草原，翻过了高山，走过了沙漠……才到了西天。"

拉磨驴："那你一定走了很远、很长的路。"

白龙马："有十万八千里了。"

拉磨驴："那我就不如你了。"

白龙马："其实，你有没有算过，你也是每天辛苦地拉磨，我们走的路程是一样的啊！只不过我有目标，你没有目标而已！"

同样的十万八千里，同样的十四年，白龙马得到了什么，拉磨的驴又得到了什么。其实，它们走的路程都是一样的，但是由于目标不同，导致能力提升的程度不同，最终成就也不同。

我们来看一下白龙马和拉磨驴的差别。

白龙马有目标，按照目标开展行动，能力得到提升。

拉磨驴没有目标，按照习惯被动开展行动，能力没有变化。

我们可以清晰地分辨出，白龙马是主动式行为模式，而拉磨驴是被动式行为模式。

在主动式行为模式下，主体有着清晰的目标，其能力提升是主动提升，而在没有目标的被动式行为模式下，主体能力提升是被动提升。很显然，主动提升的能力比被动提升的能力会更快、也更强。

有这么一个职场段子。一个人跑去问老板："我都有十年工作经验了，为什么您还不给我涨薪水呢？"老板回答说："你是有十年工作经验呢，还是一年工作经验用了十年呢?”

美国耶鲁大学进行过一次跨度达20年的跟踪调查。最早,这个大学的研究人员对参加调查的学生们提了一个问题:“你们有目标吗?”90%的学生回答说:“有。”研究人员又问:“如果你们有了目标,那么,是否把它写下来了呢?”这时,只有4%的学生回答说:“写下来了。”

20年后,耶鲁大学的研究人员跟踪当年参加调查的学生们。结果发现,那些有目标并且用白纸黑字写下来的学生,无论是事业发展还是生活水平,都远远超过了没有这样做的学生。他们创造的价值超过余下的96%的学生的总和。那么,那96%的学生今天在干什么呢?研究人员调查发现,这些人忙忙碌碌,一辈子都在直接或间接地帮助那4%的人在实现他们的理想。

在被动式行为模式下,主体没有目标,重复着习惯的工作,五年、十年之后,能力依然停留在十年前的水平,人到中年不得志,残酷而又现实。

为什么他们明明很努力了,想要的却始终得不到呢?

其实很简单,主要是3个“不”导致的。

不想:不想有目标,导致目标驱动力缺失。

不会:不会将能力与目标匹配,导致能力与目标错位。

不能:没掌握正确的方法,导致不能有效地积累能力。

这都是被动式行为模式导致的必然结果。

我们再来看另外一个例子。

这是一个某地产公司老板和普通打工者的故事，我们将二者分别称为A和B吧。

1987年7月，21岁的B离开家乡四川独自一人去闯深圳，到了深圳南头边防检查站，遇到了与他年龄相仿的A。

B细问之下才知道，这个大他三岁的A是甘肃人，居然是从某经济改革研究室辞职来闯深圳的！萍水相逢，两人越聊越投缘，很快就以兄弟相称了。

一个多星期后，两人只剩下5元钱，还没找到工作，只好到一家工地挑砖，一个月后，两人都领到了350元工资，A决定离开。

B恋恋不舍："一年可以存好几千元呢！"A劝他："老弟，只要我们找到更好的机会，不要说几千元，就是几万元，也不值一提！"B这才决定跟A走。

1987年11月，两人应聘为深圳某贸易公司的业务员。公司主要销售电话机，底薪200元，按业绩提成。不久后，A因为脑子灵，点子多，被提拔为业务经理。

B至今记得，海南建省办特区的消息传来时，A拿着报纸，满脸激动："我们一起闯海南吧！"B大吃一惊："哥，去海南人生地不熟的，每月能挣五六百元钱吗？"A却说："你放心吧，海南刚刚建省，机会多的是，我们去，一定不会错！"

1988年5月底，两人各自带着1000多元的积蓄到了海口。然而，相比深圳，在经济极其落后、人满为患的海口，想找到一份工作绝非易事。

三个月过去了,两人已经身无分文,只好找到海口市的一家砖厂,又干起了老本行——搬砖。搬砖这活是辛苦活,20 多天后,A 的小身板扛不住了。他径直找到王老板,提出如果自己当厂长,工地混乱和效率低下的问题都可以帮助解决。

B 觉得 A 胆子太大,A 说:“他如果答应,我觉得我能管好;不答应,也不会亏什么。但不试试,怎么知道?”

第二天,王老板竟然答应了。A 立刻开始实施自己的想法,花几百元钱买来水管,引水到砖厂和泥;又买来了小型发电机,方便夜间照明。因为 A 的改革,砖厂的效益有了大幅提升。

一年后,厂长 A 的薪水从 500 元涨到 1000 多元,而 B 也被他提拔为组长,每月也有 300 多元收入。

1989 年 10 月,王老板把经营重点转到房地产,准备转让砖厂。A 马上找 B 商量:“老弟,我们把砖厂承包下来,干不干?”

B 担心欠债,又不好意思拒绝,便不肯投钱,只说“赚得多你就多给我点工资;亏了,算我白干。”

A 以每月 8000 元承包砖厂。在他的经营下,第一个月交了承包款后,还净赚 1 万多元。很快,员工从最初的 100 多人增加到 400 多人,每月都赢利两三万元,B 的收入也涨到了两三千元。

但好景不长,由于经济基础薄弱,当地人口很少,海南房地产的疯狂开发大大超出了市场的正常消化能力。20 世纪 90 年代初,海南房地产热急剧降温。A 承包的砖厂难以为继,苦撑数月后关门大吉。

当 A 遣散工人时,赚到的钱基本赔光了。这次打击之后, B 痛下决心:明明知道A就是一个过不了安稳日子的人,自己为什么要跟着他这样瞎折腾啊?

二人就此分道扬镳,与A分别后,B又去海口的一家建筑工地上打工。

多年后,A来到北京发展,成立了地产公司,生意越做越大。而B在海南打了两年工,回到老家结婚生子后,仍然四处打工,养家糊口……一晃十几年过去,两人竟然有了天壤之别!

18年的时间,能让A成为众人瞩目的亿万富翁,也可以仍然把B困在工地上打工。接受采访时,B感慨地说:"以前,我以为A的成功很偶然,可现在不这样认为了。因为每当在生活的岔道口,我只图安稳,满足于第二天知道自己干什么工作就行了,害怕失去现有的一切。当初,我还觉得A每次都是瞎折腾,其实他每次再折腾时,都有更高的目标,终于折腾成了拥有几百亿的富翁!这就是我跟他的区别呀!"B的反思的确有道理。A的成功与他不断给自己设定目标,并为目标付出行动息息相关。因为,只有有目标,敢于折腾,永远不满足现状,才能赢得机会,能力才会不断得到提高,不断迈向更高的人生新起点,获得新的成功!

A和B是两种行为模式的代表。A有目标,采用主动式行为模式,即便过程中有失败,但是其能力得到了提升,最终获得成功。而B没有目标,被动接受环境变化,采用被动式行为模式,多年后依然原地踏步。

第 17 章

主动思考，形成能力

除了目标之外，行为模式里的什么因素还会影响能力呢？

我们先看一个场景——需要肌肉记忆的行业。肌肉记忆（Muscle Memory）是指肌肉具有的记忆效应，同一个动作重复多次之后，肌肉就会形成条件反射。肌肉记忆是一种对于移动或运动的不由自主的反应，也指对移动或运动的感知能力。一旦肌肉受到专业训练，它就不会忘记这种状态。专业运动员如果中断训练，20 年后再重新训练，所需时间比那些从未接受过训练的人至少少 40%。人体肌肉获得记忆的速度十分缓慢，但一旦获得，其遗忘的速度也十分缓慢。很多练习乐器如吉他、钢琴的人都有类似感受，练习多了、熟练了以后好像不需要大脑指挥手指，在碰到某个和弦或者某个键的时候手指会自然地摆到相应的琴键上，演奏的时候，手指似乎是自己在动，如果要背出和弦的位置或者谱子倒是需要很多时间，说明人们的大脑并没有记住这些，而是人们经过长时间的重复使手指肌肉产生了记忆。

哪种行为模式会强化肌肉记忆呢？被动式行为模式。被动式行为模式相对主动式行为模式来说，省去了思考的环节，它的效率更高，速度更快。运动员在比赛的过程中,需要快速反应,外界刺激发生后,能马上反应,省去其中的思考环节,通过肌肉记忆能够执行反应,这样更容易取胜。乒乓球运动员、羽毛球运动员的反复训练,就是一种被动式行为模式的反复,能帮助运动员最终形成肌肉记忆,能力也就能大幅提升。

运动员、体力劳动者的肌肉记忆比较重要,被动式行为模式能够提升其能力。而常坐办公室的脑力劳动者,肌肉记忆并不是重点,提升能力的行为模式则变成了主动式行为模式。

有一个著名的职业经理人刚进入职场时,曾有一段佳话。1992 年,当他还在上大学的时候,曾到某证券公司勤工俭学。他翻译的一份年报得到了证券公司总裁的肯定,总裁表示一定要见见这个年轻人。就是这次见面,让该年轻人成了总裁的秘书。

与一般秘书不同的是,该年轻人工作时非常主动积极,想老板之所想,急老板之所急。刚开始总裁只是让他翻译年报,剪剪报纸,这些事情对于一般人来说是小事,但是他却把它当成大事,做足了工夫。他十分留心在那么多的剪报中哪些是老板看过的,然后进行引导。对于这些事情,老板没有要求他这么做。到后来,总裁不看剪报中午就吃不下饭。

作为秘书,对于给老板端茶倒水这样的小事,他也会思考,琢磨出很多技巧。比如开会时,什么时候去倒茶水,才不会打断老板的讲话;什么时候光倒水不加茶叶,什么时候该带着茶叶进去;老板有抽烟的习惯,什么时候打火机里的油没了该换个打火机。对于这些小事,他都把握得很有分寸。

经过一段时间的观察,总裁认识到,如果再让他做复印、倒水、剪报等事情,就是屈才。于是,这位24岁的年轻人出任了该证券公司资产管理总部的副总经理,成为当时国内证券界最年轻的副总。

主动式行为模式强调主动思考,通常会应用结构化思维。当应用结构化思维,把各种外部信息构建成做事的方法后,做事的能力自然就能够得到提升。

有一家大公司要求,任何一个具有竞争力与相应专业技能的新员工都必须在最初入职的6到12个月的时间里,证明自己拥有主动性,否则,职场上的初次较量便意味着你已经失败,接下来等待你的,便是被辞退的命运。这种残酷性在凯文和约翰两个人的入职竞争中体现得极为明显。

在最初的6个月里,凯文和约翰都完成了公司给自己的工作。从技术上讲,他们两个人的项目都完成得非常不错,而且凯文所完成的部分十分出色,显得极为有优势。人事经理给两个人做出了相应的评价:约翰是一个具有极强主动性的工程师,他可以为他人提供相应的帮助,更能够承担起紧急的任务;凯文却是一个独立的任务执行者,虽然操作能力很强,但是,他明显缺乏主动性。最后公司决定将约翰留下来,而凯文则被淘汰出局。

凯文企图到人事经理那里为自己进行申辩。他认为,自己也是一个极具主动性的工作者,而且,没有人要求他收集最新学习资料与技术资料,但是他却做到了。可是,人事经理却给出了令他近乎绝望的答复:主动性并非怎样将自己手头的工作出色地完成,而是在完成时,可以进行积极的思考,令公司业务变得更加具有发展前景,个人能力也有提升的潜力。主动性是主动思考与主动工作的良好结果,而凯文在主动工作中并没有主动思考的迹象,这让他变成了批量化生产中的死板器械,个人能力提升出现了瓶颈,难以给个人和企业带来更好的发展。

在被动式行为模式下,主体没有经过思考,懂得的仅仅是这件事情的做法,而不是真正的具备完成这件事情的能力。只有经过思考,采用主动式思维模式,懂的不仅仅是这个事情的做法,而且掌握做这个事情的方法,这样才能成为能力。

众所周知的"庖丁解牛"的故事,就是一个反映主动式行为模式的案例。

战国时,有一个厨师为梁惠王宰牛,不但动作快,而且下刀剥皮、剔骨都非常熟练,很快就能把一头牛的肉和骨全部分解开来。梁惠王看了连声赞叹,并说:"你宰牛的技术竟高明到这个程度了啊!"

厨师回答说:"我之所以达到如此熟练的程度,不仅是由于技术熟练,而且还由于掌握了其中的规律。我已经完全弄清了牛的骨骼结构,所以我的刀虽然用了十九年,解剖了几千头牛,而刀刃还像刚磨过那样锋利。因为牛的骨节之间总有一定的空隙,我的刀刃又磨得极薄,刀能很轻松地插进牛骨节间的空隙,所以用这样的刀刃来分解有空隙的牛骨节,运转刀刃是宽绰而大有余地啊。"

不懂方法只懂做法,不是能力。既懂方法又懂做法,才是能力。而方法必须通过思考,才能成为自身的知识,不光掌握了做法,还能掌握了做法背后的知识,这才是能力。

第18章

职场里的行为模式

在美国的佛罗伦萨州发生过这样一个故事。

有两个年轻人,一个叫约翰、一个叫哈里,同时进入一家蔬菜贸易公司。三个月后,哈里很不高兴地来到总经理办公室,向总经理抱怨:“我和约翰同时来到公司,现在约翰的薪水已经增加了一倍,职位也升到了部门主管。而我每天勤勤恳恳地工作,从来没有迟到、早退,对上司交代的任务总是按时地完成,从来没有拖沓过,可是我的薪水一点没有增加,职位依然是公司的普通职员。”

总经理没有马上回答哈里的问题,而是意味深长地对他说:“这样吧,公司现在打算预订一批土豆,你先去看一下哪里有卖的,回来我再回答你的问题。” 于是,哈里走出总经理办公室,找卖土豆的蔬菜市场去了。

半小时后,哈里急乎乎地来到总经理办公室,向总经理汇报:“二十公里外的蔬菜批发中心有土豆卖。”总经理问:“一共有几家卖土豆的?”哈里挠了挠头说:“我刚才只是看到有卖的,没有留意有几家,你等一会儿,我再去看一下。”说完又急乎乎地跑出去了。

二十分钟后，哈里喘着大气跑回总经理办公室汇报："报告总经理！一共有三家卖土豆的。"总经理问："土豆的价钱是多少？三家的价格都一样吗？"哈里愣住了，挠了挠头说："总经理，你再等一会儿，我再去问一下价格。"说完，又要往外跑。这时，总经理叫住他："你不用再去了，你去帮我把约翰叫来吧。"三分钟后，约翰和哈里一起进了总经理办公室，总经理先对哈里说："你先坐下来休息一下吧。"然后对约翰说："公司现在打算预订一批土豆，你去看一下哪里有卖的？"

四十分钟后，约翰回来向总经理汇报："在二十公里外的蔬菜批发中心有三家卖土豆的，其中两家是0.9美元一斤，但有一个年长者只卖0.8美元一斤。我看了一下他们的土豆，发现年长者的最便宜，而且质量最好，因为他卖的是自己农场种植的。如果我们需求量大，价格还可以优惠，并且他有货车，可以免费送货。我已经把他带回来了，就在公司大门外等着，要不要让他进来具体谈一下？"总经理说："暂时不用了，你让他先回去吧。"于是约翰就出去了。

这时，总经理才对看得目瞪口呆的哈里说："你都看到了吧！如果你是总经理，你会给谁加薪升职呢？"哈里惭愧地低下了头。

在这个故事里，我们会发现职场里典型的两种行为模式。哈里的行为模式是典型的被动式行为模式，表现为"刺激→反应"。总经理让他看哪里有卖土豆的，他马上的反应是找地点，然后总经理提出下一个需求是了解有几家卖土豆的，他就再去确认有几家卖，总经理想进一步了解价格，他就再去询问价格。哈里的所有行为都来自外部的刺激，没有经过思考,按照惯性思维采取行动。而约翰的行为模式是典型的主动式行为模式,表现为“刺激→思考→行为”。总经理给出了指令,约翰并不是直接执行“看一下哪有卖”的指令,而是对目的进行了分析,发现目的是购买一批土豆,确定目的后,通过结构化思维,形成购买土豆的解决方案,并采取了行动。这样便完成了一个“接受指令(刺激)→分析目标→思考方案→行动”的主动式行为全流程。

图 2-4 梳理了这个案例中约翰的结构化思维模式和主动式行为模式。

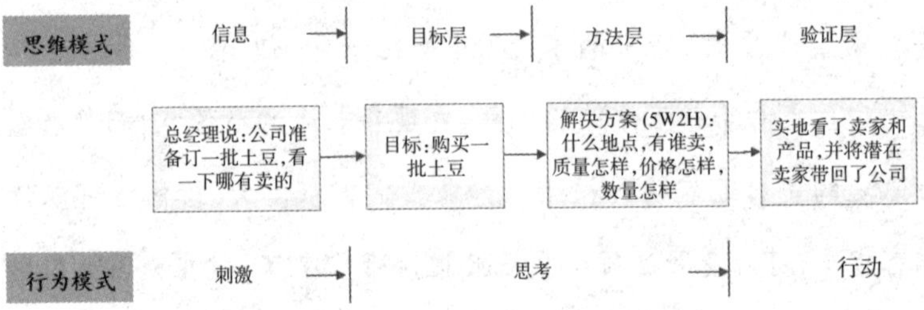

图 2-4

我们会发现,主动式行为模式和结构化思维模式结合在一起,能更好地解决问题。

在职场中,是哈里这样的行为模式更多,还是约翰这样的行为模式更多?是应该给哈里升职加薪,还是给约翰升职加薪呢?

前文有讲到,基层员工常见的思维模式是惯性思维模式,对应地,基层员工常见的行为模式是被动式行为模式。我们经常会听见很多领导抱怨下面的基层员工只会听指令办事,不会自行思考,指令一旦不清晰,基层员工便容易办不好事情。这样的情况体现出此类基层员工的行为模式是被动式行为模式。而对于中高层来说,被动式行为模式已经不能适用了，中高层并不是按照指令办事的，他们做事之前需要更多地思考目的和方法，这样的行为模式是典型的主动式行为模式。

职场中三层级的思维模式和行为模式如图 2-5 所示。

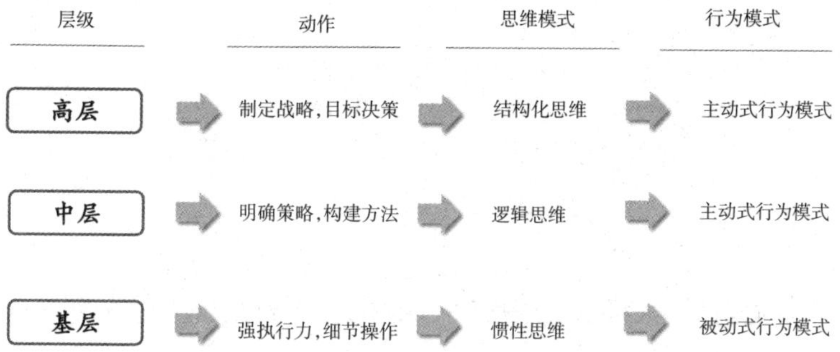

图 2-5

士兵打仗，可以不需要思考，被动接受指令，思维模式为惯性思维模式，行为模式为被动式行为模式。而军官必须思考战略和战术，行为模式也必须为主动式行为模式，只有这样才可能取得胜利。

作为基层员工，如果希望晋升，就必须改变行为模式，变被动式行为模式为主动式行为模式。当你的思维模式进阶成逻辑思维模式甚至是结构化思维模式，行为模式进阶为主动式行为模式时，恭喜你，你已经具备晋升的可能了。

第19章

小心伪能力

我们通过思考,将信息整理成了知识,是否就具备了相应的能力呢?

我们身边或多或少都有这样的人,说起来一套又一套,各种高谈阔论,指点起他人,各种夸夸其谈,做起事来却毫无成果,毫无建树,为什么呢?

我们来看一下大家非常熟悉的“纸上谈兵”的故事。

公元前264年,秦国攻打韩国,沿着黄河北岸向东挺进,两年后(公元前262年),把韩国与其北方领土上党郡隔开。上党郡郡守,向赵国投降。赵国接收了上党郡。

秦国当然不愿已到手的土地被别人抢去,两年后(公元前260年),向上党郡进攻。等到赵国大将廉颇率援军到达时,上党郡已经陷落。而秦军仍锐不可当地向赵国进攻,廉颇节节失利,最后退到长平关(今山西高平),构筑营垒,坚守不出。廉颇认为秦军远道而来,一定不能持久,他将等到秦军撤退时,再行出击。秦国看出,如果廉颇不除,就不可能歼灭赵军。

秦国派人在赵国首都邯郸(今河北邯郸)散布流言说:“廉颇太老了,已经丧失了锐气,所以屡战屡败。他自知不是秦国的对手,已成为一个懦夫,不敢出战。秦国最害怕的是赵括,只要赵括不出来当统帅,秦国一定赢。”赵王听信流言后把廉颇免职,任命赵括继任。

赵括是赵国名将赵奢的儿子,绝顶聪明、有口才,自以为军事才能天下无双。赵奢在世时,父子间谈论兵法,父亲往往被儿子驳得哑口无言。有人说:“将门虎子,真是不错。”但赵奢不以为然地说:“战争是关乎生死的大事,他说起来如此轻松,一旦担任大将,必定失败。”

所以当赵括被任命为大将后,他的母亲立刻上书赵王说:“赵括不是大将之才,请不要派遣。”赵王以为赵括的母亲是谦让,他的母亲说:“他父亲领兵时,所得到的赏赐,全部分给部下。命令发布的当天,就住进军营,跟士兵同甘共苦,不再过问家事。遇到困难,必定征求大家意见,从不敢自以为是。可是赵括刚被任命为大将就威风凛凛,赏赐给他的财物,全运回家。他父亲死时曾一再嘱咐,无论如何,不可让赵括做大将。”赵王还是不肯改变任命,赵括的母亲请求道:“如果一定要用他,万一丧师辱国,但求赦免我们全家。”赵王答应了。

秦王得到赵括当大将的消息后,任命各国最畏惧的白起做大将。唯恐白起的威名使赵括恐惧,不敢出战,秦王下令,有敢泄露白起姓名者杀无赦。赵括被任命为大将后,撤除防御工事,亲自率领精锐,采取突破战术向秦军最弱的营垒进攻,白起下令撤退。赵括突破秦军阵地之后,仍保持猛烈的攻势以扩大战果,白起下令再退,然后派出部队切断赵括的退路。于是赵国的大军被分割为二,赵括和精锐部队被隔在前方,留守的军队仍在长平关阵地。接着白起又切断赵军的粮道,赵军粮食开始短缺。

赵括发动数次最猛烈的攻击,希望冲出包围圈,但全部失败。赵括那些军事理论全部失效,他不得不效仿廉颇的办法,改攻为守,等待援兵。可是现在的形势改变,兵力已被分开,粮草又尽,守已不可能。赵括勉强支撑了四十六天,弹尽粮绝被迫做最后的决战,分兵四队,轮流突围,但还是失败了,自己也死在乱箭之下。赵军剩余四十万人全部投降。

白起命令这四十万降卒进入长平关附近一个深谷中,把深谷两端堵塞。预先埋伏在山顶上的秦军,抛下土石,四十万人全被活埋。赵国从此没落。

赵括自认为很会打仗,死搬兵书上的条文,到长平后完全改变了廉颇的作战方案,结果四十多万赵军尽被歼灭,他自己也被秦军箭射身亡。

赵括熟读兵书,有兵法知识,但是从未真正带过兵打过仗,纸上谈兵,没有真正实践过,也自然不具备带兵打仗的能力。

再来看一个故事。

公元前119年,汉武帝为了北击匈奴,派出外戚大将军卫青和骠骑将军霍去病,命令二人各领五万精锐骑兵,兵分两路出塞。又组织了几十万步兵和十四万马匹,为这两支骑兵军团做后勤保障工作。

这场决定汉帝国命运的战役,被后世称为"漠北之战",此役匈奴左右贤王主力都被汉军消灭,曾经称霸草原的匈奴帝国元气大伤,在短时间内失去了南下入侵的能力。时年21岁的霍去病，以少胜多，消灭左贤王所部之后，更是率军追杀其到狼居胥山，并在狼居胥山举行了封礼。但是汉帝国在此役也是伤亡惨重，损失了一万兵员，参与战争的十四万匹战马，因为战争损耗、过于劳累和感染瘟疫，也仅剩下三万多匹。

汉武帝看到远征军无力再战，于是下令班师回朝。而侥幸逃命的伊稚斜单于，为了躲避汉军的兵锋，不得不将王庭迁往漠北。但此时伊稚斜单于在投诚的赵信劝说下，派出使者向天子汉武帝求和，希望两国结为兄弟之邦，继续和亲。

在对匈奴战与和的问题上，汉武帝下令召开御前会议，这是西汉帝国第一次在对待匈奴问题上，占据着主动权的时刻。朝臣们知道，汉帝国在一系列对匈奴的反击战中，掌握着主动权。而天子汉武帝也是想趁着这个机会，将威胁汉帝国边境几十年的隐患匈奴人彻底解决，所以朝臣们都支持继续用武力手段打击匈奴。

反对动武，支持和亲的声音，来自一个叫作狄山的博士。博士在秦汉时代，负责掌管典籍史册，在皇帝决策的时候，提出补充的意见，虽然在朝中位置不高，但或多或少有一定的影响力。而这个叫作狄山的博士，他认为和匈奴继续战争，大动干戈，会让帝国陷入穷兵黩武的境地，普通百姓们也会有所怨言，狄山博士引经据典，陈说战争的危害，这让汉武帝感到不悦。

御史大夫张汤当庭反驳狄山的观点，这位汉武帝的心腹干将斥责狄山迂腐无知。被张汤打断发言的狄山，恼羞成怒，自称如果自己是“愚忠”，那张汤这种人便是伪装的“诈忠”。狄山认为，张汤在处理淮南王刘安、衡山王刘赐谋反案的时候,穷追不舍,用严苛的律法戏弄诸侯王,离间皇帝和诸侯们“血浓于水”的亲情关系,这就是“诈忠”的表现。

汉武帝看到这位腐儒,在朝堂上如此放肆,而且顶撞位列三公的御史大夫张汤,甚至对他制定的对内对外政策也指手画脚。汉武帝压不住心中的怒火,开始讯问狄山:“如果朕派先生去当郡守,你能否确保当地不受匈奴侵犯?”狄山回答说“不能。”“那派先生到边塞的县城,担任县令呢?”狄山还是回答说:“不能。”不耐烦的汉武帝紧追不舍,向狄山抛出第三个问题:“那让你去烽火台,担任指挥官呢?”狄山自思自己再说不能,肯定会被皇帝下狱治罪,而主管刑狱的正是张汤。

于是狄山便随口答道,自己可以。结果,汉武帝马上下调令,将博士狄山从长安城调往匈奴经常入侵的地区。任命他担任烽火台的指挥官,守卫前线。狄山刚刚到任一个月,便遭遇了匈奴人的小股部队入侵,狄山所在的烽火台被匈奴人攻破,匈奴人当然没想到,面前这位指挥官正是主张跟他们和平相处的博士狄山。狄山的首级被匈奴人带走,狄山的遗物被带回朝廷后,汉武帝刘彻说了八个字“夸夸其谈,腐儒无能”。

狄山也是典型的有知识、没能力的代表,其自认为的能力都属于“伪能力”。

何谓伪能力?有知识体系,但自身并未实践,其对应的能力是未经证实的能力,是一种伪能力。

有一位经验丰富的顾问,为企业内部管理提供顾问服务。在做顾问的过程中，他总能找到客户管理上的问题，并能从顾问角度提出一些意见。

有一次，他向一个客户提出了一些不错的顾问意见，并跟老板建议，说对应的业务负责人能力不行，应该换掉。老板一听觉得很有道理，就找来人力资源负责人，问人力资源负责人，如果把顾问挖过来当业务负责人怎样。人力资源负责人提出，这位顾问理论基本功肯定没问题，但是否具备能力到企业开展工作，这要打一个问号。老板说，既然知道怎么做，那就应当具备这么做的能力。

最终，该企业原业务负责人被换掉了，由顾问接任。顾问一上来提出了很多方案，但随着时间发展，这些方案最终都没能实现，半年后，老板只得再找到其他人把该顾问替换掉了。

这位顾问有丰富的知识，但是其知识一直未经自身的实践，其能力其实是伪能力，并不代表其真正拥有能力，最终的可能就是无法帮助其实现预期的目标。

伪能力不代表一定就是错误的能力，它需要的是做实。

第20章

实践,让知识成为能力

具备了知识,怎样让自己有能力呢?或者说,怎样将伪能力做实呢?

小明是一个内向的人,不会讲笑话,但是很羡慕会讲笑话的人,于是他去请教经常讲笑话、被大家喜爱的小王,小王让小明把一个笑话背一遍给他听:

“某人冬天去东北出差,在饭馆要啤酒,服务员问:‘您要常温的还是冷藏的?’某人怒道:‘这大冷天的你还让我喝冷藏的?’服务员淡定地说:‘常温的零下10(摄氏)度,冷藏的0(摄氏)度。’”

小明照做了,背了一遍,感觉不好笑,小王说:“下午再跟我背一遍。”小明下午又向小王背了一遍,小王说:“有感觉了吗?”小明说:“有点似是而非的感觉。”小王说:“明天我找别人再来听你背一遍。”第二天,小明向小王和他朋友又背了一遍这个笑话,小王的朋友笑了。

小王问:“有什么感觉?”小明说:“我背第一次的时候,什么感觉都没有,但是第二次、第三次的时候,多讲了几次,我开始发现,笑话是有规律的，前面会有铺垫，后面会反转，笑点在于错位或反差。刚刚这个笑话，要先铺垫在东北的饭店要啤酒的场景，最后通过常温啤酒比冷藏的温度更低这样一个与常规逻辑相悖的反差，抛出笑点。”

小王说：“恭喜你，你掌握了讲笑话的知识，也具备了讲笑话的能力了。”

在小明讲笑话这个例子里，小明实现了从信息到知识再到能力的三层级跨越。首先，一则笑话是信息，在实践讲笑话这件事的过程中，通过反复地讲，小明发现了讲笑话的规律（即知识），按照讲笑话的规律继续实践，最终形成了讲笑话的能力。

我们再来看前文提到过的知识：信息结构化后可以转化成知识。如何结构化？可应用三层级结构化思维来实现。

第一步：目的层，明确目的和价值。

第二步：方法层，分析实现目的的方法或逻辑。

第三步：验证层，验证方法或逻辑是否正确。

那如何具备将信息结构化继而转化成知识的能力呢？反复实践。找一个实践场景，按照这三步走一遍，走完之后进行体会，感受“信息结构化后可以转化成知识”这个方法是否可行，如果可行，第三步就完成了，形成了有效假设闭环。这样，“信息结构化后可以转化成知识”就从信息转变成了自己的知识。在具备了知识的基础上，再经过多次实践，最终就会具备将信息结构化转变成知识的能力。

实践，不是被动式行为模式下的实践，是主动式行为模式下的实践。

实践必须经过思考,在实践的过程中,按照结构化思维方法思考目标和方法,体会知识,并且按照知识体系开展具体操作,这样的实践才能让知识成为能力。

在实践时,一定要思考,但是很多人在实践的时候,经常会出现以下三种场景。

(1)思考依赖。一个很重要的原因就是我们受到"标准答案"的限制,而不去思考其他可能性。例如,开会讨论时,如果第一个人先回答了,之后大家的思考方向很可能就会一致。因此,每出现一个答案就会引起一些思考放弃。对权威的依赖、对团体的依赖、对术语的依赖、对经验的依赖,都有可能引起思考放弃。

(2)思考偏差。在组合前提、事实、印象、个人经验等因素时思考发生扭曲,陷入思考的陷阱。一个典型的表现是刻板印象导致的思考扭曲。

(3)思考不深。在某个领域可以做到逻辑清晰,但稍微换个领域,思考深度和逻辑性就急剧下降。

在实践时,思考应当是结构化的思考,要思考事情的目的,构建方法,最终采取行动。

第一步,在实践前,先确定目标。目标不清晰,行为则没有意义,也无法提升能力。

美国财务顾问协会前总裁刘易斯·沃克就有关稳健投资计划基础的问题接受一位记者采访,记者问他:"到底是什么因素使人无法成功?"沃克回答说:"模糊不清的目标。"记者请沃克就这个说法做进一步解释。沃克说道："我在几分钟前问你，你的目标是什么？你说希望有一天可以拥有一栋山上的小屋，这就是一个模糊不清的目标。问题就在'有一天'这个时间不够明确，这样的话，成功的机会也就不会太大。"沃克接着说："如果你真的希望在山上买一间小屋，你必须先找出那座山，算出小屋的价值，然后考虑通货膨胀，算出5年后这栋房子值多少钱；接着你必须决定，为了达到这个目标每个月要存多少钱。如果你真的这么做，你可能在不久的将来就会拥有一栋山上的小屋。但如果你只是说说而已，梦想就可能不会实现。梦想是愉快的，但没有配合实际行动计划的模糊梦想，则只是妄想而已。"

第二步，确定行动逻辑和方法，谋定而后动，将知识进行转化。

山田本一是日本著名的马拉松运动员。他曾在1984年和1987年的国际马拉松比赛中，两次夺得世界冠军。记者问他凭什么取得如此惊人的成绩，山田本一总是回答："凭智慧战胜对手！"

大家都知道，马拉松比赛主要是运动员体力和耐力的较量，速度和爆发力还在其次。因此，对山田本一的回答，许多人不以为意，认为他故弄玄虚。

10年之后，这个谜底才被揭开。山田本一在自传中这样写道："每次比赛之前，我都要乘车把比赛的路线仔细地看一遍，并把沿途比较醒目的标志画下来，比如第一个标志是银行，第二个标志是一棵古怪的大树；第三个标志是一座高楼……这样一直画到赛程的结束。比赛开始后，我就以百米冲刺的速度奋力地向第一个目标冲去,到达第一个目标后,我又以同样的速度向第二个目标冲去。40 多公里的赛程,被我分解成几个小目标,跑起来就轻松多了。开始我把我的目标定在终点线的旗帜上,结果当我跑到十几公里的时候就疲惫不堪了,因为我被前面那段遥远的路吓到了。”

山田本一为自己要达到的目标制订了详细的计划,谋定而后动,所以最后凭借智慧战胜了对手。如果他不是事先考察,寻找方法,制订计划,他可能也和其他参赛者一样,疲劳不堪。

以前文采购土豆的例子,来看以典型结构化思维实践,将知识转变成能力的情景。

通过实践,实现能力,反复实践,能不断加强能力。

作家格拉德威尔在《异类》一书中指出:“人们眼中的天才之所以卓越非凡,并非天资超人一等,而是付出了持续不断的努力。一万小时的锤炼是任何人从平凡变成世界级大师的必要条件。”他将此称为“一万小时定律”。

一万小时定律,不是被动式行为模式,不是重复机械不带思考地行动一万小时,而应该是主动式行为模式的反复实践,培养卓越能力。

我们的知识,只有不断去实践,才能形成能力。眼高手低,感觉什么都懂,但是不去动手,能力是无法提升的,个人发展也终将停滞。

第21章

狭义能力和广义能力

那经历过实践，有过成功经验的能力，就是真正的能力吗？还不够。

夏日，骄阳似火，一头驴子驮着两麻袋沉重的盐巴，在路上气喘吁吁地走着。走着走着，一条小河挡住了去路。驴子喝足了水，洗了把脸，开始渡河。到了河心，河水没过了它的大腿，水流也急了，水底的鹅卵石也滑溜多了。驴子稍不留神，脚下一滑，身体失去控制，连麻袋一起重重跌倒在水里。它挣扎了几下，站起来的时候，觉得背上的盐比刚才轻了许多。“这是怎么回事呢？”驴子转过头瞧了瞧，咦，背上那两只麻袋紧紧地扎着，一点儿也没有被磕破，看来不是盐漏掉了。“反正是浸水以后盐才轻了的……”驴子像哥伦布发现新大陆那般高兴，它摇头晃脑，非常得意地渡过河去。

一个月以后，驴子的身影又出现在这条小河边。这回，它驮了两麻袋的海绵。海绵轻飘飘的，所以它刚才一路小跑着。哗哗的河水还像以前那样深，那样急，驴子来到河心，故意脚下一滑，连身体带麻袋一起浸泡在水里了。不料，当它又站起来的时候，只觉得背上的两麻袋海绵不但没有减轻,反而变得像两座小山似的,沉重极了。“这又是怎么回事呢?”驴子实在支持不住,它浑身打战,四肢发软,一个趔趄,又重重地跌倒在水里了。驴子接连几次都是站起来就又跌倒了。它大声呼喊,可四周没有一个人影。最后,它精疲力尽,怎么也抬不起头来了,只能任凭无情的河水朝它的嘴里鼻子里猛灌进去,最终,驴子被淹死了。

驴子犯了什么错误?很多人会说经验主义,按照行为模式来解读,驴子是被它的狭义能力害死的。

什么是狭义能力?前文提到,信息被整理成知识,知识经过实践成为能力。由局部信息形成狭义知识,实践狭义知识所形成的能力,就是狭义能力。这种能力仅仅适用于狭义知识对应的环境中,一旦环境发生变化,这样的能力就不再适用。

看一下驴子第一次过河,驮的是盐,盐在水里会溶解,会导致负重更轻。驴子形成了浸水后负重更轻的知识,同时也形成了负重在水里行走的能力。(图 2-6)

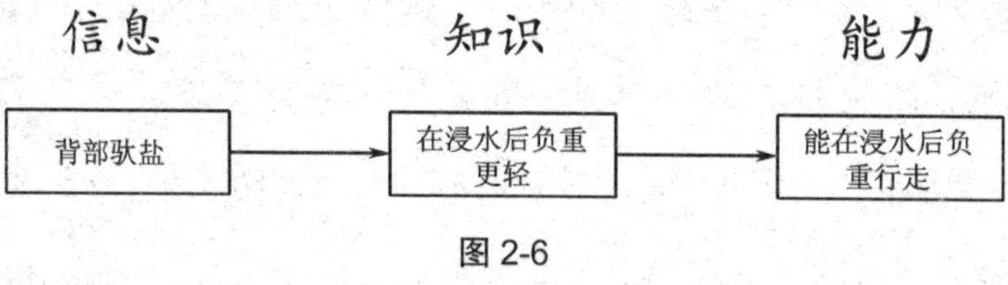

图 2-6

第二次过河,驴子驮的是海绵,海绵在水里会吸水,会导致感觉负重更重。此时浸水后负重更轻的知识是不成立的,能在浸水后更轻易地负重的能力也就不存在了。(图 2-7)

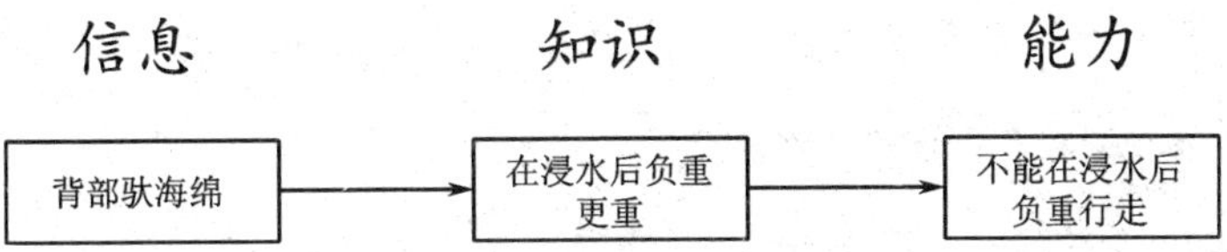

图 2-7

其实,在浸水后负重更轻,是一个狭义知识。它只适用于部分场景,对应的是局部信息,例如负重的是盐,所形成的在浸水后负重行走的能力,便是一个狭义能力;一旦换成海绵,场景发生变化,信息有差异,狭义知识便不成立,在浸水后负重行走的能力也就不存在了。

在职场中,这种狭义能力是很常见的。很多人经验很丰富,自认为很有能力,但是一旦换了环境,例如跳槽换了家公司,做的还是同样的事情,但结果差别很大。其实这样的局面,很多都是狭义能力导致的。在历史工作环境中形成的知识体系和能力,是仅仅适用于该历史环境的狭义知识,能力也是对应的狭义能力;当环境信息发生变化,知识却未更新时,能力就很难发挥,最终的效果必然会受影响。

美国长期资本管理公司(Long-Term Capital Mangement，LTCM)是一家主要从事定息债务工具套利活动的对冲基金的公司。该公司创立于1994年,主要活跃于国际债券和外汇市场,利用私人客户的巨额投资和金融机构的大量贷款,专门从事金融市场炒作。它与量子基金、老虎基金、欧米伽基金一起被称为国际四大对冲基金。

LTCM掌门人梅里韦瑟,被誉为能“点石成金”的华尔街债务套利之父。他聚集了华尔街一批证券交易的精英,如1997年诺贝尔经济学奖得主默顿和舒尔茨、美国前财政部副部长及美联储副主席莫里斯、前所罗门兄弟债券交易部主管罗森菲尔德。这个精英团队囊括了职业巨星、公关明星、学术巨人,真可称“梦幻组合”。

1994—1997年,LTCM业绩辉煌骄人。成立之初,资产净值为12.5亿美元,到1997年年末,上升为48亿美元,净增长2.84倍。1994—1997年,每年的投资回报率分别为:28.5%、42.8%、40.8%、17%。

长期资本管理公司制定了“通过电脑精密计算,发现不正常市场价格差、资金杠杆放大、入市赢利”的投资策略。舒尔茨和默顿将金融市场历史交易资料、已有的市场理论、学术研究报告和市场信息有机结合在一起,构建了一套较完整的电脑数学自动投资模型。他们利用计算机处理大量历史数据,通过连续而精密的计算得到两种不同金融工具间的正常历史价格差,然后结合市场信息分析它们之间的最新价格差。如果两者出现偏差,并且该偏差正在放大,电脑立即建立起庞大的债券和衍生工具组合,大举套利入市投资;经过市场一段时间调节,放大的偏差会自动恢复到正常轨迹上,此时电脑指令平仓离场,获取偏差的差值。

但不能忽视的是,这套电脑数学自动投资模型中也有一些致命之处:①模型假设前提和计算结果都是在历史统计基础上得出的,但历史统计永远不可能完全涵盖未来现象;②LTCM投资策略是建立在投资组合中两种证券的价格波动的正相关的基础上的。尽管它所持核心资产德国债券与意大利债券正相关性为大量历史统计数据所证明,但是历史数据的统计过程往往会忽略一些小概率事件,亦即上述两种债券的负相关性。

LTCM万万没有料到,俄罗斯金融风暴引发了全球的金融动荡。结果它所沽空的德国债券价格上涨,它所做多的意大利债券等证券价格下跌,它所期望的正相关变为负相关，结果两头亏损。它的电脑自动投资系统面对这种原本忽略不计的小概率事件，错误地不断放大金融衍生产品的运作规模。LTCM 利用从投资者那儿筹来的 22 亿美元作资本抵押，买入价值 3250 亿美元的证券，杠杆比率高达 60 倍，由此造成该公司的巨额亏损。它从 1998 年 5 月俄罗斯金融风暴到 9 月全面棋败，短短的 150 天资产净值下降 90%，出现 43 亿美元巨额亏损，仅余 5 亿美元，已走到破产边缘。9 月 23 日，美联储出面组织安排，以美林、摩根为首的 15 家国际性金融机构注资 37.25 亿美元购买了 LTCM 的 90% 股权，共同接管了该公司，从而避免了它倒闭的厄运。

美国长期资本管理公司这种能力也属于狭义能力，其建立的模型就是狭义能力的一种代表。模型仅仅能应用于部分场景，当外部环境信息发生变化，模型已经无法应对，最终狭义能力出现不适应问题，导致了企业的失败。

那如何将狭义能力变成广义能力，成为真正的能力者呢？

第一步，分析环境信息变化，更新知识，将狭义知识拓展为广义知识。如何将狭义知识拓展成广义知识，前文已有提及，不再赘述。第一步也是从信息到知识的一步。

第二步，将广义知识付诸实践，形成广义能力。知识实践形成能力在前文也有提及，也不再赘述。第二步也是知识到能力的一步。

当面临各种环境，不断执行从信息到知识、从知识到能力的方法，最终就能持续不断地将狭义能力拓展成广义能力。

第22章

能力成长金字塔

我们先来看一个事例。

某人力资源经理为了提升中层骨干的能力,给中层骨干安排了很多培训,但是几次之后,发现效果并不好。向学员征求意见,学员的反馈意见是,讲师讲的内容太理论化了,很难吸收,应当多讲案例。在之后的培训里,人力资源经理安排了案例丰富的讲师来重点讲案例,几次之后,发现学员们听得挺认真,一段时间之后发现学员们能力提升还是有限。最后,人力资源经理找到了行业里培训做得最好的一家培训机构,引入了其沙盘实战类培训课程,学员反馈非常好,一段时间之后,发现效果显著,学员的能力有了显著提升。

这是怎么回事呢?我们先来了解一下如图2-8所示的能力成长金字塔。

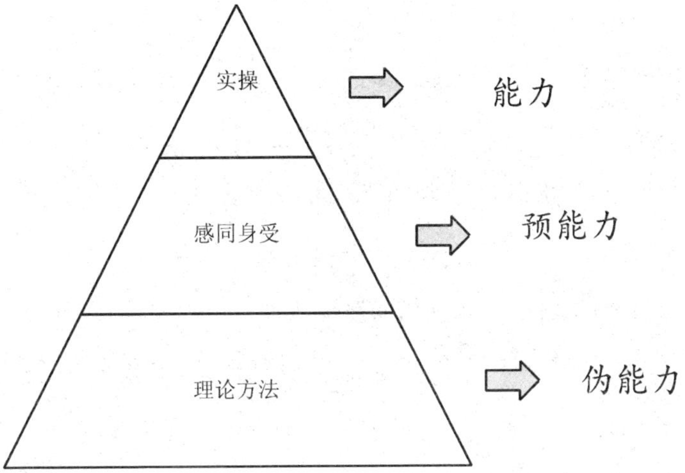

图 2-8

我们可以把能力分为三个层级:伪能力、预能力和能力。

能力就是真实的能力,只有经过自身实际操作,有过历史实操经验的能力,才是真实的能力。前文说过,只有通过实践,才能获得真正的能力。通过实际操作,不仅能掌握做事的方法,即具备知识,也能掌握实操的细节,这样便形成了能力。没有通过实际操作,都不代表具备了真实的能力。仅有理论方法而未经过实操的能力,更是一种伪能力。

那么有人就会问了,那没实操过,就代表没有能力,那是不是应当具备能力才能去实操?是要先具备能力,还是先去实操呢?先有鸡还是先有蛋?诸葛亮也不是一出师就会打仗的啊?

这里便有一个预能力的概念。什么叫预能力?掌握了知识方法,虽然没有实际操作过,但是有师傅或旁人以实际操作为演示,使自身感同身受,接近于自己也进行了实操。这样形成的能力,则是一种预能力。预能力代表了解知识方法,也感同身受掌握了实操的细节。掌握知识方法、感同身受是预能力的两个必要条件,缺一不可。

师傅教徒弟时,需要先讲理论方法,但是光讲理论方法还不够,还得自己动手做一遍,让徒弟们看,徒弟们才能感同身受。这样就完成知识讲授和预能力培养,再然后让徒弟们亲自上手,这样便最终使徒弟们获得了真正的能力。

当周边有优秀同事,当我们看到同事做某一件事的细节时,就跟师傅动手做一遍的场景一样,我们能马上感同身受,这样也能够提升预能力。

美国的心理教育家曾做过这样的实验,把某高中篮球队一群球技不相上下的年轻人分为三组。第一组规定一个月内不得在球场练习投篮;第二组规定一个月内每天在球场练习投篮一小时;第三组规定一个月内每天想象练习投篮一小时。一个月后,对三组球员进行同场测试。结果,第一组的投篮平均成绩退步了;第二组的平均成绩进步了 2%;以上两组的结果均在意料之中。出人意料的是第三组,平均成绩也一样进步了 2%!

在这个案例里,第三组每天靠想象练习投篮,就是在感同身受培养预能力,最终也能帮助提升真实能力。

在前面介绍的关于培训的案例里,为什么光讲理论方法不足以提升能力?因为没有实操,大部分学员得到的仅仅是知识,而不是能力。即便是能力,也是没有联系实操的伪能力。培训加入案例之后效果好一点,为什么呢?案例启示相当于师傅手把手教,通过学习案例,预能力得到了提升。但这只是其中一部分人预能力能够得到提升,这一部分人是能够把案例联系自身历史实操经历进行体会的人,实现了感同身受这样一个状态,这样便实现了预能力的提升。不能将案例联系自身历史实操经验感同身受的人,预能力不会得到提升。最后的沙盘培训为什么能够让学员能力大幅提升?沙盘培训的流程是这样的:在真实的工作场景中,给学员分组,学员先动手操作,每个小组形成工作成果,然后组与组之间互相挑对方工作成果中存在的问题,最后讲师进行点评,讲工作成果对应的知识方法,并举更多的案例来阐述。这样一个流程就完成了从知识到预能力到真能力转化的全过程。老师讲知识方法,是在讲解知识;当讲解案例时,学员会感同身受,而小组互评则相当于看到同事如何做事,感同身受,这都是在提升预能力;学员自己实际操作了一遍,则更好地体会了操作细节。这样就打通了知识—预能力—能力三层级,实现了很好的能力培养。

那如何基于能力成长金字塔来帮助我们提升能力呢?我们来看如图2-9所示的一组数据。

场景	比例
• 自己做过,会做	80%
• 看别人做过,会做	50%
• 听别人讲案例,会做	30%
• 听别人说方法,会做	10%
• 听别人点拨一下,会做	1%

图 2-9

(1)自己做过,会做。这是通用场景,人群中 80% 的人是这样的,这种能力是真正的能力。当然,这种做法,必须按照前文所述的实践环节,在操作的过程中,掌握做法背后的知识,构建出完整的知识体系后,才能有效形成真正能力。还有一部分人,特别是采用被动式行为模式的人,即便做过几遍,能力还是没有得到提升,原因就是做事方法和知识没掌握。

(2)看别人做过,会做。这种场景下形成的能力是预能力,未来一旦实操,预能力便能转化成真正的能力。人群中 50% 的人是这样的。师傅手把手教、看到周边同事的实操都是获得预能力的途径。但要想真正形成预能力,还必须具备一个条件,就是看别人做的时候,不光看做法,还要学做法背后的知识,也就是要通过做法完成知识的吸收。有 50% 的人不能形成预能力的原因就在于,只是学到了做法,而没学到知识。

(3)听别人讲案例,会做。这样形成的能力也是预能力。但在这个场景下要想真正形成预能力必须具备下面两步:第一步,通过案例掌握知识,构建知识层;第二步,将案例联系自身历史操作经验,感同身受。完成这两步,方能形成预能力。这样的人大概只占到 30% 左右。其他不能形成预能力的,主要是因为没有掌握知识,以及没有将案例与自身实际操作经验联系。

(4)听别人讲方法,会做。这个对人的要求更高,原因在于讲方法仅仅涉及知识层,感同身受并未涉及。在这种场景下怎么形成预能力?第一步,掌握别人讲的方法,获得知识;第二步,将听到的知识联想自己的历史操作,按照该知识对历史操作进行重演,并进行验证,验证的同时形成基于该方法的新做法,完成感同身受,将知识变成预能力。能达到这样状态的人，最多10%。大部分人无法联想自身历史操作案例，更难以将该方法在历史案例中进行重演，如此来感同身受的状态很难形成，预能力也就很难形成了。

（5）听别人点拨一下，会做。能做到这样的人会非常稀少，可能就占到人群的1%。为什么？因为连知识都没展开，仅仅说了一些结论或观点，更别说感同身受了。要达到这个状态，需要的步骤：第一步，将观点或结论联系自己的知识体系，结合对方的观点对知识体系进行重构；第二步，按照重构的知识体系，寻找历史案例进行重演，进行感同身受；第三步，用重演的结果去验证重构的知识体系是否正确，完成有效假设闭环。这三步都走完了，并且走通了，才能把知识体系构建和感同身受完成，才能真正获得预能力。

最后要说的是，获得预能力还不算获得真实的能力，只有真正实践了，预能力才能转变成真实的能力，实践是能力成长的最后且必需的环节。

第23章

能力漏斗

人的能力有差异,有的人多才多能,有的人能力有限,这是什么原因造成的呢?

我们来看一个经典故事:马谡失街亭。

蜀后主建兴六年(228年),诸葛亮为实现统一大业,发动了一场北伐曹魏的战争。他命令赵云、邓芝为边军,占据箕谷(今陕西汉中市北),亲自率十万大军,突袭魏军据守的祁山(今甘肃),任命参军马谡为前锋,镇守战略要地街亭(今甘肃秦安县东北)。临行前,诸葛亮再三嘱咐马谡:"街亭虽小,关系重大。它是通往汉中的咽喉。如果失掉街亭,我军必败。"并具体指示马谡"靠山近水安营扎寨,谨慎小心,不得有误"。

马谡到达街亭后,不按诸葛亮的指令依山傍水部署兵力,却骄傲轻敌,自作主张地准备将大军部署在远离水源的街亭山上。当时,副将王平提出:"街亭一无水源,二无粮道,若魏军围困街亭,切断水源,断绝粮道,蜀军则不战自溃。请主将遵令履法,依山傍水,巧布精兵。"马谡不但不听劝阻，反而自信地说："马谡通晓兵法，世人皆知，连丞相有时也得请教于我，而你王平生长戎旅，手不能书，知何兵法?"接着又洋洋自得地说："居高临下，势如破竹，置之死地而后生，这是兵家常识，我将大军布于山上，使之绝无反顾，这正是制胜之秘诀。"王平再次谏阻："如此布兵危险。"马谡见王平不服，便火冒三丈地说："丞相委任我为主将，部队指挥我负全责。如若兵败，我甘愿革职斩首，绝不怨怒于你。"王平再次义正词严："我对主将负责，对丞相负责，对后主负责，对蜀国百姓负责。最后恳请你遵循丞相指令，依山傍水布兵。"马谡固执己见，将大军布于山上。

魏明帝曹睿得知了蜀将马谡占领街亭，立即派骁勇善战曾多次与蜀军交锋的曹魏名将张郃领兵抗击，张郃进军街亭，侦察到马谡舍水上山，心中大喜，立即挥兵切断水源，掐断粮道，将马谡部队围困于山上，然后纵火烧山。蜀军饥渴难忍，军心涣散，不战自乱。结果，张郃命令乘势进攻，蜀军大败。马谡失守街亭，战局骤变，迫使诸葛亮退回汉中。

马谡违背了诸葛亮的指令，在山上扎营，是丢失街亭的主要原因。而街亭的丢失，让蜀汉军队丧失了继续攻取陕西的最好时机。作为将领，马谡需要负主要责任。诸葛亮总结此战失利的教训，痛心地说："用马谡错矣。"为了严肃军纪，诸葛亮下令将马谡革职入狱，斩首示众。

马谡通晓兵法，也并非完全无军事指挥才能，但对比其丰富的军事知识来说，军事指挥才能略显不足。但是他个人并没有这样的认知，最终导致了他的败局。

很多人其实都存在这样的问题，对自身认知不足，认为自己懂就代表自己会做,其实这是一个误区。我们来解析一下能力。

通常我们的能力形成,都会是如图 2-10 所示的这样一个漏斗。信息大爆炸时代,大家都有着海量的信息,其中一部分信息通过结构化思维能够转变成知识,知识中的一部分能够通过主动式行为模式转化成能力,在反复实践的基础上,能力在不断提升。

这样便形成了一个模型——**能力漏斗**。

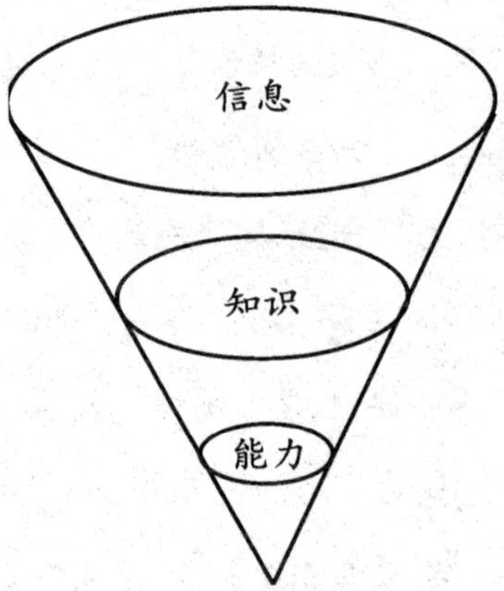

图 2-10

信息—知识—能力,是逐级深化的,其对应的范围也是逐级缩小的。信息圈的范围远大于知识圈的范围,知识圈的范围也远大于能力圈的范围。

理解了能力漏斗后,应怎样扩大自身的知识面、提升自己的能力呢?

按照能力漏斗,当我们把漏斗的第一层,也就是信息层扩大后,第二层知识层也就容易扩大了,当第二层知识层扩大且知识被不断应用后,第三层能力层也能够相应扩大,如图 2-11 所示。

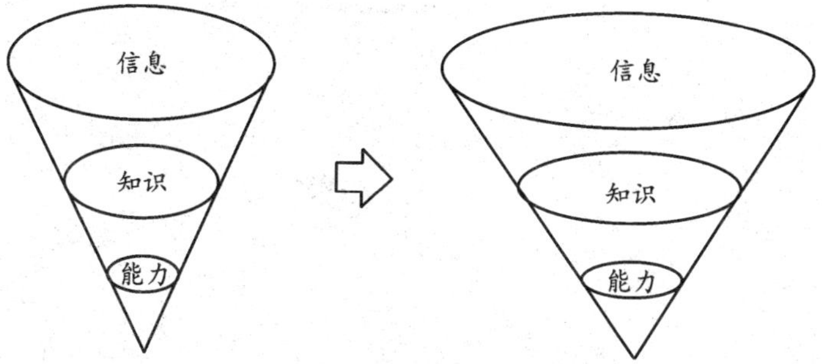

图 2-11

我们大部分人都是这样的，当接触的信息面越大，知识面也会越宽广，当知识面越宽广时，对应的才能也越丰富。

能力漏斗对哪些职业价值较大呢？需要丰富知识的职业，例如教师、律师、顾问、咨询师、行业研究员等。从事这类工作的人，知识是其核心竞争力，他们需要大量的知识，并且知识面还得宽广，如何扩大自身的知识面？那就需要不断地扩大自己的信息面，例如经验丰富的律师，需要阅读大量的案例；顾问、咨询师需要接触大量的企业；行业研究员需要不断地了解其所处行业的信息，不断扩大自身的信息面。在能力漏斗模型之下，通过结构化思维将信息消化成知识，知识面就能不断变大。

但是，我们会发现信息面扩大了很多，知识面也有大幅增加，而能力的增加其实是有限的。正因为从信息圈到知识圈再到能力圈，范围衰减很厉害，所以信息最终转化成能力的效率是有限的。如果是对能力要求更高的职业，例如技术工人，这样大量扩大自身的信息圈，最终能力增长效果并不明显，如果以能力增长为目的，又应当怎么办呢？

第 24 章

能力竖井

信息大爆炸时代,从各种渠道接收的信息,真的对我们都有用么?我们会发现,很多信息是没多大价值的,或者说很多信息由于我们不能消化,是无效的,这些信息对于我们来说,就是多余的。

我们可以以是否能吸收、最终转变成自己的知识为标准,将信息分类,如图 2-12 所示。

有效信息:能有效转化成自身知识的信息。

冗余信息:无法消化、难以转化成自身知识的信息。

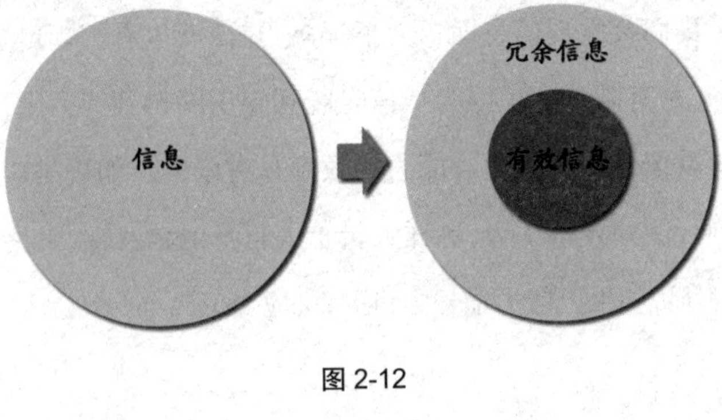

图 2-12

国内某知名学者曾说过一件往事儿。某天他坐出租车，司机特能聊天，了解好多他不知道的信息。司机知道某歌星的三围、星座、眉毛长短、生辰八字等种种信息，可这些对一个出租车司机又有什么用呢？

学者说："这都是无用的信息，你又不是歌星的老公，用得着知道她的三围、星座、生辰八字吗？掌握了这么多无效信息，花费时间精力，占据了你的认知，占用了大脑空间，却又无法在现实生活中应用，纯粹是浪费生命。"

冗余信息过多会影响思考。每天不停地被各种各样的信息刺激，看了很多文章，这些信息在你脑子里停留不会超过一天，你还没来得及去消化它，这样的信息就被大脑判定为无效信息而隐藏起来。当我们习惯了接收这些信息后，并且自以为有了信息就有了知识后，我们的思考就会变得有惰性，从而导致知识也难以扩大。

知识圈也远大于能力圈，有很多人被赞知识面广，这个貌似是一件好事，但是其实很多知识是无效知识，或者说是冗余知识。

知识的最终价值是被应用，通过应用形成能力，当知识无法进行应用时，该知识的价值也就大打折扣了。

我们将知识分类，如图 2-13 所示。

有效知识：能够应用，跟能力有关的知识。

冗余知识：不能够应用，跟能力无关的知识。

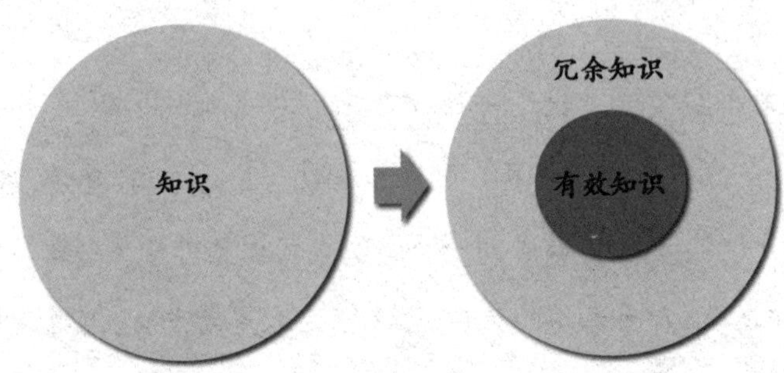

图 2-13

爱因斯坦的相对论是顶尖的知识,但是对大部分人来说,相对论是冗余知识。当然,绝大部分人只是知道相对论的公式,其实对于他们来说,相对论只是信息,有的人真的把相对论搞懂了,具备了相关的知识。但除非是科研人员,大部分人的工作生活中都没法应用相对论,相对论其实就成了冗余知识。

那么有人会说,按照这个逻辑,牛顿的几大定律,也是冗余知识,我们也没法应用啊?例如万有引力定律,我们日常生活中其实是反复在应用,跑步、跳高等等各种运动,都跟万有引力定律有关系,理解了万有引力定律之后,运动就能更科学,万有引力定律就不是冗余知识,而是有效知识。

职场白领小芳总是不间断地参加各种线上的培训课、领读营、写作班……每每还在朋友圈"炫耀"自己的成果:"今天又跟着老师读完了一本巨著,感觉内心满满的……"

她在线上的形象,简直是职场励志女神,可是真实的她,正处在被公司淘汰的边缘。小芳老板安排小芳跟进一个项目,整个过程老板对小芳十分不满,她对业务不熟,细节考虑不足,跟进时效太慢……最后老板不得已把小芳调换成其他人，才保证了项目的进展。

小芳花那么多时间在业余学习上，为什么不花点时间学学本行业的知识，不想想如何把手头的工作做好呢？

我们把有效信息、有效知识和能力进行贯穿，我们会形成如图 2-14 所示的图形。

这个图形便形成了一个模型——**能力竖井**。

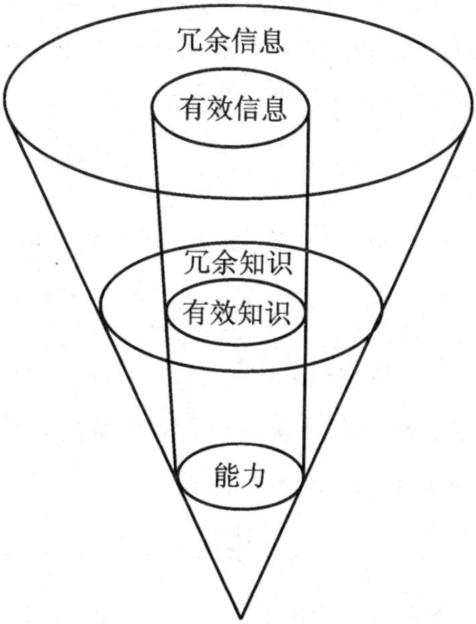

图 2-14

有效信息对应有效知识，有效知识对应能力。信息、知识和能力会形成一个漏斗，当剔除掉冗余信息、冗余知识之后，有效信息、有效知识和能力会上下贯通，形成一个竖井，这便是能力竖井。

能力竖井和能力漏斗的核心差别在于,能力竖井模型剔除了冗余信息和冗余知识。形成知识的有效信息在第一层,形成能力的有效知识在第二层,能力在三层。相对于信息圈远大于知识圈,知识圈远大于能力圈而言,有效信息、有效知识和能力的范围基本上下对应,差距没那么大。

能力漏斗对于打造宽广知识面有效,而能力竖井则更能帮助形成能力。

信息面广,充满冗余信息,或者知识面广,充满冗余知识,是无法有效帮助提升能力的。也就是说,能力竖井之外的信息和知识,是对能力提升帮助不大的。我们需要的是,警惕冗余信息和冗余知识,吸收有效信息和有效知识,进而实现能力提升。

有一个理论,叫"奶头乐"理论,其实这是国际战略学界一个正经学术名词。这个理论的提出者是美国著名战略学家布热津斯基。

这是 1995 年,他在美国旧金山召开的一个会议上提出来的。这个会议集合了全球 500 多名精英,号称要讨论解决全球化带来的一系列问题。其中最迫切的一个问题是贫富分化。

世界上 20% 的人占有 80% 的资源,而且这个比例还在上升,那将来会不会发生剧烈的阶级冲突呢?

布热津斯基说,谁也没有能力改变这个"二八现象"。解决贫困人群不满的办法只有一个,就是在他们的嘴里塞一个"奶嘴",安抚他们的情绪。虽然这不解决问题,但是也不会导致更严重的后果了。

那这个"奶嘴"是什么呢?主要是指两种产业。

第一种，是发展发泄性的产业，包括色情业、赌博业、暴力型影视剧、电子游戏、体育等等。

第二种，是发展满足性的产业，就是娱乐节目、明星八卦新闻之类的。

有了这两种产业，一般大众的时间就会被挤满。布热津斯基说："公众们将会在不久的将来，失去自主思考和判断的能力。最终他们会期望媒体帮助他们进行思考，并做出判断。"

奶嘴加上娱乐就被人翻译成了"奶头乐"战略。

我们每个人都在被这些"奶头"产业困扰。正在专心做某件事情，突然就鬼使神差地拿起手机要刷一下微信；正要读一本书，不知道怎么就被琐事打断。我们在价值观上不一定认可那些八卦新闻，但是真要有了大八卦，我们又忍不住要去围观一下。久而久之，"奶头乐"让人思考停滞，发展受限。

当我们用能力竖井模型去解读"奶头乐"时，我们会发现，"奶头乐"对应的信息和知识，都是在能力竖井之外的，是冗余、价值不大的。对此，当我们以打造自身能力为目标时，我们应当尽量规避进入类似"奶头乐"的这些场景中。

如何按照能力竖井模型实现能力提升呢？以终为始，从竖井底部出发。

第一步，判断自己需要的能力是什么。

第二步，基于需求的能力，圈定该能力对应的有效知识，划出有效知识边界。

第三步,基于有效知识范围和边界,圈定该有效知识对应的信息范围和边界。

第四步,按照确定的信息范围和边界,收集整理信息,形成有效信息。

第五步,以三层级结构化思维方法,将有效信息吸收转化为有效知识。

第六步,按照主动式行为模式,将有效知识付诸实践,形成能力,不断实践,强化稳固能力。

我们把这六步法用图形表示出来,如图 2-15 所示。

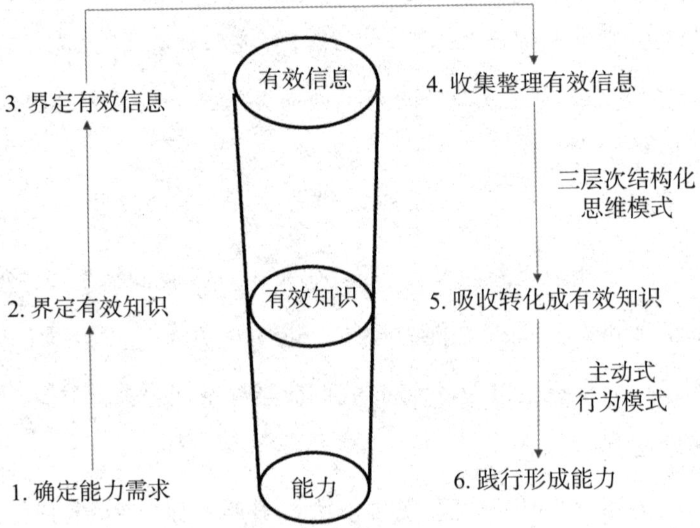

图 2-15

我们所具备的大部分能力是通过能力漏斗慢慢形成的,这样的方法效率低、时间长、见效慢。而运用以上能力竖井六步法,能有针对性地、高效地打造能力,在短时间内快速实现能力提升。

第25章

压力夯实能力

有些人希望进入一个新领域，希望做成某件事情，但最后很多人会半途而废，因为半路上感觉自己做不到，就放弃了。

其实这些人并非能力达不到，是没有激发出自己的能力。很多人都是有潜能的，而没有激发出能力的一个重要原因是没有压力。

假如你去问任何作家或艺术家他们的创作过程，他们肯定会说自己最好的作品是经历了各种痛苦、挫折之后才创作出来的。有了压力，才进一步激发了他们的才能。

有一个极有名的钢琴大师做指导教授。授课第一天，他给自己的新学生一份乐谱。“试试看吧！”他说。乐谱难度颇高，学生弹得生涩僵滞、错误百出。“还不熟，回去继续好好练习！”教授在下课时叮嘱学生。

学生练了一个星期，第二周上课时正准备让教授验收，没想到教授又给了他一份难度更高的乐谱，“试试看吧！”上星期的课，教授提都没提。学生再次挣扎于更高难度的挑战。

第三周,更难的乐谱又出现了。同样的情形持续着,学生每次在课堂上都被一份新的乐谱所困扰,然后把它带回去练习,接着再回到课堂上,重新面临难度更高的乐谱,没有感到任何进步,学生感到越来越沮丧和气馁。

三个月后,学生决定向钢琴大师提出这三个月来何以不断折磨自己的质疑。教授没开口,他抽出了最早的那份乐谱,交给学生。“弹奏吧!”他以坚定的目光望着学生。

不可思议的事情发生了,连学生自己都惊讶万分,他居然可以将那首曲子弹奏得如此美妙、如此精湛!教授让学生试了第二堂课的乐谱,学生依然呈现出超高水准的表现……演奏结束,学生兴奋地看着老师,说不出话来。

“如果我任由你表现最擅长的部分,可能你还在练习最早的那份乐谱,就不会有现在这样的水平了……”钢琴大师缓缓地说。

一个人一旦感受不到压力的存在,就应该特别小心了。因为这表示在能力提升与个人成长上,少了一股相当重要的动力来源,这样的环境虽然安逸,但是却无助于成长。压力的存在却可以激发能力。

在非洲中部干旱的大草原上,有一种体形臃肿的巨蜂。这种巨蜂的翅膀非常小,脖子也很短。但是这种蜂在非洲的大草原上能够连续飞行250千米,飞行高度也是一般蜂类所不能及的。它们非常聪明,平时藏在草丛里或者岩石缝隙,一旦有了食物立即振翅飞起。尤其是当它们发现这一地区即将面临极度干旱的时候，它们就会成群结队地迅速逃离，向水草丰美的地方迁移。

这种强健的蜂被科学家称为“非洲蜂”。科学家们对这种蜂充满了好奇，因为根据生物学的理论，这种蜂体形臃肿且翅膀非常短小，在能够飞行的物种当中，它们的飞行条件是最差的，甚至连鸡、鸭都不如。用流体力学来分析，它们的身体和翅膀的比例根本不能够起飞，即使把它们扔到天空中去，它们的翅膀也不可能产生承载肥胖身体的升力，会立刻掉下来摔死。

但事实是，非洲蜂不仅能飞，而且是飞行队伍里最为强健、飞得最远的物种之一。

哲学家们对此给出了合理的解释：非洲蜂天资低劣，但它们只有学会长途飞行的本领，才能够在气候恶劣的非洲大草原活下去。简单地说，非洲蜂若是不能飞行，它就只有死路一条。

什么叫“置之死地而后生”？非洲蜂给出了很好的回答。非洲蜂更让我们相信，在一个执着顽强的生命里，只有压力才能激发超强的核心能力。

现代社会由于变化快速、竞争激烈，因而工作环境也充满巨大压力。由于压力通常让人感到不舒服，因而人们遇到压力时，很容易就产生抗拒或者逃避的心理。

在我们的日常生活或工作中，压力可以说无处不在——刚换一个新的工作，因对新的环境与工作内容不熟悉而感受到的压力；学生考试前，因为无法预知会遇到何种形式的考题而感受到的压力;业绩目标无法达成、担心实力不如对手、家人有问题无法解决、经济状况不佳等等而产生的压力。无论是哪一种情况下产生的压力,其实都有一个相同的特质,就是当一个人碰到一件事而感觉到“我不会”“我不熟悉”或是“我不确定”时,就会感受到压力。

人们往往习惯于自己所熟悉、所擅长的领域。但如果我们愿意回首,细细检视,就会恍然大悟:正是紧锣密鼓的工作挑战,永无歇止、难度渐升的环境压力,才让我们在不知不觉间拥有了今日的诸般能力。

正是因为压力在不断地帮助我们夯实能力,将能力激发出来,去面对新的变化,再形成新的能力,扩大能力范围。

高效人士往往给自己定下很高的目标,然后在这个高期望的压力下,以主动式行为模式开展工作,拓展自己的能力竖井,取得最终的成功。

第26章

打造核心能力

什么是核心能力？我们先来看一个案例。

为了完成西天取经任务，组建了取经团队，成员有唐僧、孙悟空、猪八戒、沙和尚、白龙马。其中唐僧是项目经理、孙悟空是技术核心、猪八戒和沙和尚是普通团员、白龙马是老板座驾。这个团队的高层领导是观音。

唐僧作为项目经理（project manager，PM），有很坚韧的品性和极高的原则性，不达目的不罢休，又很得上司支持和赏识（直接得到唐太宗的任命，既给袈裟，又给金钵，还得到以观音为首的各路神仙的广泛支持和帮助）。

沙和尚言语不多，任劳任怨，承担了项目中挑担这种粗笨无聊的工作。

猪八戒这个成员，看起来好吃懒做、贪财好色，又不肯干活，最多牵下马，好像留在团队里没有什么用处，其实他的存在还是有很大用处的，因为他性格开朗，能够接受任何批评而毫无负担压力，在项目组中承担了润滑油的作用。

最关键的还是孙悟空,由于孙悟空是这个取经团队里的核心,但是他的性格很极端,回想他那大闹天宫的历史,恐怕作为普通人来说没有人会让这种人待在团队里。

白龙马是唐僧办公、出差用的座驾,是其身份、地位的象征。

原本是缺一不可的“五人帮”,堪称“完美团队”,但是要节约成本唐太宗必须裁掉一个人。该裁掉谁呢?

唐僧肯定不能裁,直接得到唐太宗(总裁)的任命书,既给袈裟,又给金钵,没有他就不可能完成总裁的任务——取经。他是项目团队中最为关键的人物,总舵手。

孙悟空,法力高强,精通技术,是业务能手(打妖怪),可谓是技术攻关队长。碰到困难(妖怪),一路排除,保驾护航,确保唐僧生命安全、取经道路顺畅。况且神魔两界都有关系,各路神魔也要让他三分。虽然他有大闹天宫的前科,但是经过五指山下反省和历练,为人处世及脾气有所改善。取经之路,虽然多次受唐僧气,且时常发脾气,可是最后还是回到唐僧身边,共渡难关。俗话说“人非圣贤,孰能无过”。想成大业者,唐僧必须要用长远眼光看问题,取舍就在一念之间。有能力的人肯定是有个性的人,看领导怎样去用好他,扬长避短,把其特长发挥到极致。所以,不能没有孙悟空,光有司令,没有战士,留几个烧菜的后勤,打仗必败。

猪八戒,他原本是天蓬元帅,他能当上元帅,肯定有他的过人之处。魅力和沟通能力强,而且他性格开朗,充满活力,特讨女人喜欢;受尽孙悟空的欺负,经常背黑锅,能够接受任何批评而毫无负担压力,心态特别好,依然开心做好本职工作。他在项目组中承担了润滑油的作用。一个团队如果没有“开心果”，只能处在沉闷的氛围中，没有活力和欢乐，想必后果会很严重，成员会被逼疯。只有欢快的工作，才能有好的绩效，所以，猪八戒不能裁。

沙和尚，他相当于企业中的辅助工、搬运工，任劳任怨，埋头苦干，没有技术，可替代性高。为了节约企业成本（裁掉他的原因），完全可以把任务分给团队其他成员（悟空、八戒）。唐僧在没有招收沙和尚之前，这些杂事，还不是悟空和八戒干。所以，为了节约企业成本，必要时候就要裁掉沙和尚。如果哪天组织想要召回他时，我想，以沙和尚的性格，他还是会很乐意回来的。不管从长期还是短期考虑，裁掉沙和尚，都是比较合理的处理方法。

白龙马，他是唐僧的座驾，是其身份和地位的象征。同时，白龙马对唐僧来说也能大大提高工作效率，能间接节约成本。所以白龙马也是不可缺少的。

最佳的选择只能是裁掉沙和尚。因此，光埋头苦干是没有用的，要想在当今社会立于不败之地，不被轻易淘汰，必须拥有一技之长，提升自己的核心竞争力，提高自己技能的含金量，成为不可替代的那一个。

上文说的就是核心竞争力这件事。核心竞争力这个词，我们都耳熟能详。个人核心竞争力即不易被竞争对手模仿的、具有竞争优势的、独特的知识和技能。例如你十分喜欢唱歌，你的歌声很美妙动听，但是别人也会唱歌，而且唱得比你还好，那么演唱就只能算是你的竞争力之一，而不能算你的核心竞争力。核心竞争力是不易被竞争对手模仿的,并且是你所独有的本领。如果别人也很轻易就能拥有这种本领,而且比你高强,那么这种本领就不是你的核心竞争力。通俗地讲,核心竞争力就是一种独特的、别人难以靠简单地模仿获得的、对个人竞争有帮助的核心能力。

首先,毋庸置疑,核心竞争力对应的能力,一定是对个人竞争有帮助的能力。如果在职场上与人竞争,你有一项能力非常强,例如绘画能力,但你的工作与绘画无关,绘画能力再强,对你在职场上与人竞争没有帮助,那么绘画能力就不是你在职场上的核心竞争力。

其次,核心竞争力是个人独特的、别人难以模仿和获得的核心能力。如果别人能轻易模仿,那么这项能力也很难成为核心竞争力。

那是否核心竞争力对应的能力,就必须是很冷门的、别人都不会的能力吗?例如职场上,会做 PPT 是一项很通用的能力,那 PPT 做得好,就不能成为核心竞争力吗?并不是,我们会看到很多 PPT 做得非常好的人,能制作出很好的报告,最终得到领导赏识而晋升,做 PPT 的能力成了其核心竞争力。

核心能力是能力的一种,我们用能力竖井模型来阐述核心能力,如图 2-16 所示。

与有效信息—有效知识—能力的对应关系一样,核心能力会对应核心知识,核心知识会对应核心信息。

那核心信息、核心知识与有效信息、有效知识的差别是什么呢?我们还是以会做 PPT 这项通用

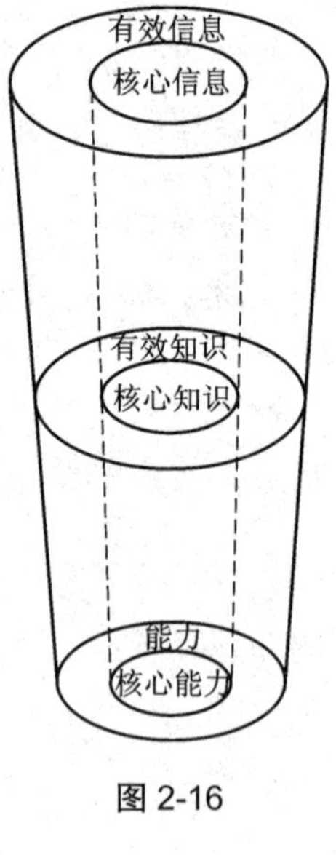

图 2-16

能力能成为核心能力为例子。

核心能力，即高效清晰制作 PPT 的能力。

核心知识，即基于金字塔原理，结合个人思考实践形成的 PPT 构图方法。

核心信息，即能够应用金字塔原理的个人历史 PPT 素材。

核心能力之所以成为核心能力，是其对应的知识是在通用的有效知识上，加入了个人的认知与理解，形成了个人独特但更符合其自身应用场景的核心知识。其对应的信息是能够让核心知识进行应用的核心信息。

核心能力对应的一定是个人有独特认知的知识或方法，若该知识或方法不存在，核心知识也不可能成为核心能力。打造核心能力，其中的核心要点是将通用的知识或方法，经个人多次实践后，形成个人有独特理解的核心知识。

能力变成核心能力，是一个不断循环的过程，当我们具备有效知识和能力之后，不断实践，加入自身更多的理解，形成自身核心知识，再基于核心知识实践后，逐渐形成核心能力。该过程不断循环，核心能力将不断增强。

第 27 章

扩大能力竖井

在工作与生活中,每个人都拥有不止一两种能力,而是拥有一个能力集合。我们需要面对各种问题和场景,这要求我们的能力范围也应越来越大。那如何高效地扩大我们的能力范围呢?

前文已讲到,能力漏斗模型能扩大能力范围,如图 2-11 所示。

但是,我们会发现,我们耗费了大量的精力去获取信息并将其转化为知识,这里有很多冗余信息和冗余知识,能力扩展效率低,也就是能力竖井范围扩展效率低。

那如何高效扩大能力竖井范围呢?先来看一个案例。

2018 年,在欧巡赛—登喜路林克斯锦标赛中,微信之父张小龙和中国职业高尔夫球手李昊桐配对,以低于标准杆 35 杆的成绩,赢得了职业—业余配对赛冠军。

一向以冷静自持而著称的张小龙也打破惯例,在朋友圈里刷图庆祝,并且在每一条祝贺他夺冠的发言下面点赞。

微信上线7年以来，除了最早的三个月，那天晚上大概是张小龙和其他友邻在朋友圈互动最多的一晚。

张小龙为什么对这次比赛如此在意？因为登喜路林克斯锦标赛冠军是高尔夫业余爱好者所能取得的最高荣誉，也是中国人首次在这项比赛中夺冠。

决赛在高尔夫的起源地苏格兰圣安德鲁斯老球场举行，在如此神圣的地方夺冠，哪怕对于职业选手而言也是一生之中的巅峰时刻。

在此之前，张小龙因为做出了腾讯的王牌产品微信和qq邮箱而被人们称为中国最伟大的产品经理，如今又因为业余打高尔夫而刷屏朋友圈。很多人不禁要问，为什么有些人，无论做什么都能成功？

2011年，张小龙突然对高尔夫产生兴趣，并陷入狂热状态，刚开始练习时每天去球场打掉400个球。不仅自己热衷打高尔夫，张小龙还鼓动身边的所有朋友去打高尔夫。

始于兴趣，终于坚持，7年刻意练习终于问鼎冠军，背后的秘诀是什么？

有效进步。有效进步的关键在于找到一系列的小任务让受训者按顺序完成。这些小任务必须是受训者正好不会做，但是又正好可以学习掌握的。完成这种练习要求受训者思想高度集中，这就与那些例行公事或者带娱乐色彩的练习完全不同。

有效进步的方法是张小龙做邮箱、做微信产品的方法，邮箱和微信都是在一点一点改进中不断完善的，张小龙学打高尔夫就是如此。他从每天去球场打掉400个球开始，在渐渐掌握一些技术后开始请教高手，并且喜欢在群里和朋友们分享打球技巧,他做的都是有目的的练习。

投入大量时间、精力,加上正确的方法和深度学习的能力,将知识技能与原有的经验关联起来,是张小龙能够跨界成功的关键。

在我们的工作与生活中,有很多能力呈现出的状态是孤岛(如图 2-17 所示),各个能力关联性不强,零散分布。例如唱歌能力和写报告的能力,就是相关性比较低的能力。

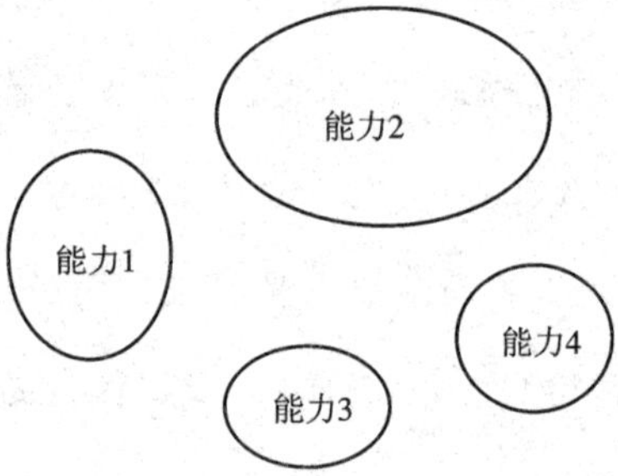

图 2-17

有些能力是互相有关联的,甚至是包含与被包含的关系,例如写作能力就和做 PPT 能力基本是关联的,甚至做 PPT 的能力也可以算作写作能力的一种,那么这两个能力就是包含关系,如图 2-18 所示。

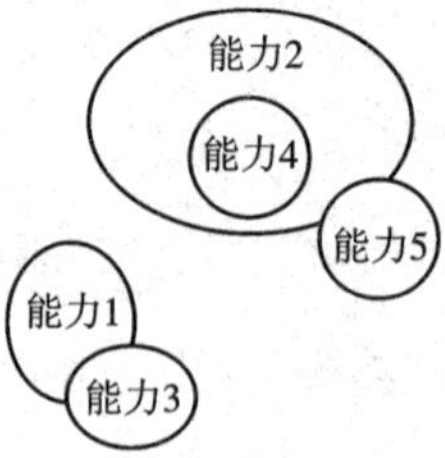

图 2-18

其实很多能力看上去没有关系,但这两个能力之间实际上是有关联的。例如前文中涉及的打高尔夫球的能力和软件开发的能力,看上去是没有关联的,但是张小龙在软件开发过程中,总结出“有效进步”这样一种方法,将该方法运用在了提升打高尔夫球的能力上,实现了能力圈范围的扩大。“有效进步”将两个独立的能力,联系在了一起。

当我们需要形成一项独立能力时,能力竖井六步法是一个有效方法。但是随着能力的提升,我们会发现,不同能力之间,大部分都不是独立的,而是相互有关联的。连打高尔夫球的能力和软件开发的能力都有关联,那扩大能力圈应该有更高效的方法。

“光环法”就是其中一个更有效的方法。

我们都看过太阳,太阳中心非常耀眼,中心之外会有一圈圈光环,光芒比中心弱。

在拓展能力圈时,我们要避免对某个能力进行单独的拓展,这样拓展效率低,且拓展出的能力也很难巩固,要采取“光环法”,围绕着中心来拓展,把外部一圈圈光环逐渐拓展成光芒中心。

何为中心?能力圈的中心就是核心能力。先打造个人的核心能力,将其作为太阳中心,有了核心能力再往外进行拓展。我们会发现,其实很多能力都会跟核心能力发生关系,我们要做的就是找到其关联的点,将该还未掌握的能力拓展成“光环”,最终该还未掌握的能力成功地进入能力圈。

前文中讲到的张小龙用的便是这样的方法,软件开发是张小龙的核心能力。其打高尔夫球的能力还不足,但是张小龙将软件开发的核心能力中对应的“有效进步”的方法应用在了打高尔夫球上。最终成功地提升了打高尔夫球的能力,扩大了自己的能力圈。

在能力的关联方式中,最常见的是核心知识,也就是自己经多次实践有着自己独特见解的知识或方法,很多知识或方法是可以拓展应用的。当将这些核心知识、方法应用于不同的能力建设时,就能不断拓展能力,当然过程中的核心知识、方法也将得到进一步完善。

《西游记》里说:“这猴王也是他一窍通时百窍通,当时习了口诀,自习自练,将七十二般变化,都学成了。”一窍通而百窍通,说的就是这样的原理。

有一句话是这样说的:从你最熟悉的领域做起。其实就是“光环法”在起作用。

你最熟悉的领域,其实就是你有核心能力的领域。在这个领域里,你掌握着核心信息,也有核心资源。你有该领域非常熟悉的经验,具备自己有独特理解的知识,也具备着反复实践成功的核心能力。当开展与最熟悉的工作有关联的工作时,也就是信息层有较大关联度,并应用核心知识,结合新领域对应的信息,构建新的知识,并对该知识进行应用,打造新的能力,最终就容易在该新的领域里取得成功。这一过程如图 2-19 所示。

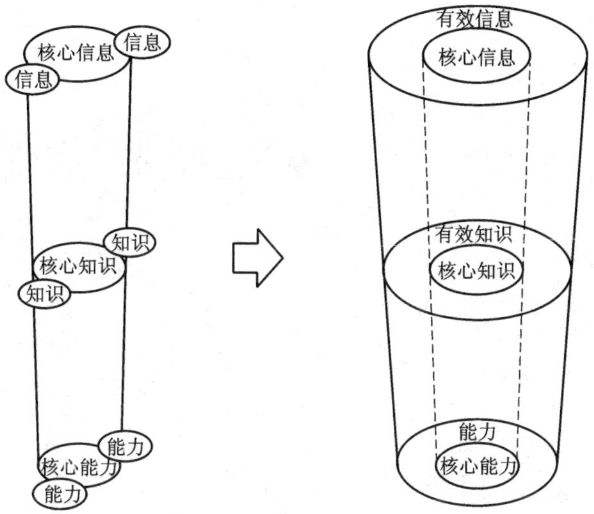

图 2-19

即便进入了一个完全陌生的领域,应用自身核心能力以及核心知识、方法,去构建新领域对应的知识、方法,并打造出该领域的能力,就可能取得成功。不关联自身已具备的核心能力和核心知识,完全新建的知识和能力通常会比较脆弱,失败的风险非常大。

第 28 章

从知识到能力的路径

从知识到能力的路径如图 2-20 所示。

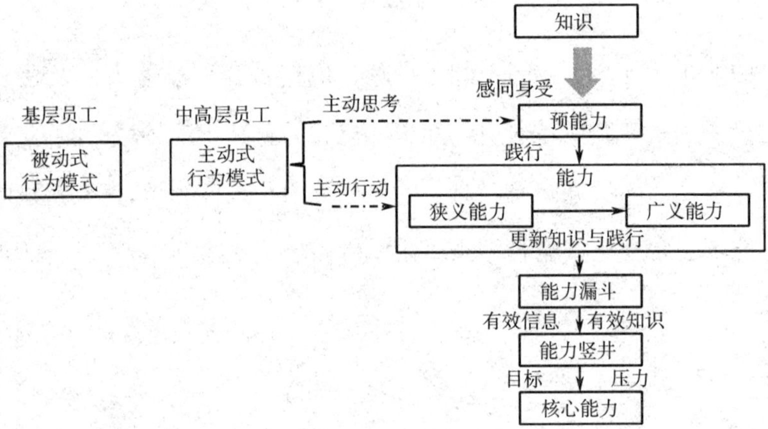

图 2-20

03

第三篇

从能力到信念

——心智模式篇

From Ability to Belief

——Mental Model

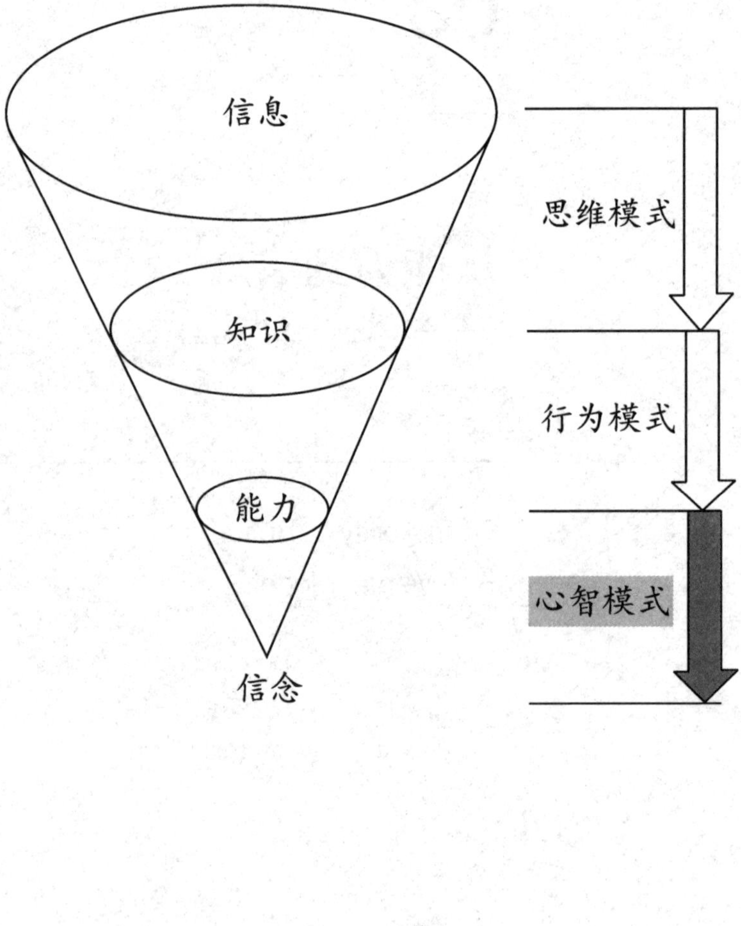
信息
知识
能力
信念
思维模式
行为模式
心智模式

第29章

理想与信念

首先，本书谈的信念，与信仰有差别。信仰是“对某人或某种主张、主义、宗教极度相信和尊敬，拿来作为自己行动的榜样或指南”，如宗教信仰等。本书里谈的信念，不包含宗教信仰之类的信念。

我们在谈信念时，还经常会把信念和理想混为一谈。

理想是对未来事物的美好想象和希望，也比喻对某事物臻于最完善境界的观念，是人们在实践过程中形成的、有实现可能性的、对未来社会和自身发展的向往与追求，是人们的世界观、人生观在奋斗目标上的集中体现。

《辞海》对“理想”的注释有两种解义。

（1）同奋斗目标相联系的有实现可能性的想象。

（2）符合希望的；使人满意的。

信念是什么？信念是指一个人坚信某种观点的正确性，并支配自己行动的个性倾向。信念是激励一个人按照自己的观点、原则和世界观去行动的思想倾向，是一个人在长期的实践活动中，根据自己的生活内容和积累的知识经过深思熟虑所决定的行为倾向。

信念强调的是情感的倾向性和意志的坚定性,它超出了单纯的知识范围,有着更为丰富的内涵,成为一种综合的精神状态。

信念具有稳定性。信念形成后难以改变,即使以后在认知层面上对信念产生疑惑,情感上强烈的认同也会在相当程度上支持既定的信念。

信念具有多样性。由于社会环境、思想观念、阶级利益需要和个人具体经历等不同,不同的人会形成不同的乃至截然相反的信念。

张海迪作为一位残疾人,付出了常人难以想象的努力,克服了重重困难,为社会做出了常人都无法做出的贡献:以其掌握的针灸等医术为父老乡亲治病,撰写、翻译并出版了多部著作,还进行了诗歌、散文和歌曲的创作。她参加了上百次大型社会公益活动,收到了来自全国各地甚至国外的无数来信,接待了无数的来访者,给无数青年尤其是残疾人以直接的精神激励。曾有人用这样一首诗赞美张海迪:“你不能走,却开拓出一条闪光的路;你飞得起来,因为你是长着理想翅膀的鹰!”有一次,一位外国记者采访张海迪,问她什么时候最幸福。她笑着说:“我应该说实话,我在梦里最幸福。因为我在梦里是那样的健康,有一双十分健壮的腿,可以向那么遥远的地方跑去;可是我睁开眼睛时,这样的幸福就会不翼而飞。我还有一种幸福,那就是通过一定的努力,为社会、为人民做出一定成绩的时候,我感到很幸福。我用马克思的话来总结自己的生活,那就是马克思所说的,能给人带来幸福的人,他本人就是幸福的。我愿意做这样的人,我也坚信我必然能够做得到。”

对于张海迪来说，成为能给人带来幸福的人是她的理想，而坚信自己能成为这样的人是她的信念。

如果非要把理想和信念结合在一起，那么理想代表着行动的目标，而信念代表实现目标的坚定理念。

理想应如何实现呢？我们看一个等式：

理想实现＝能力×信念

要实现理想，没有能力是不行的，自身不具备能力，志大才疏，那理想就是空的梦想，属于空中楼阁。生活中有太多有理想而自身能力不足的例子，好高骛远，一事无成。

袁绍，字本初，东汉末年群雄之一，官至大将军、太尉，封邺侯。他出身名门望族，自其曾祖父起四代有五人位居三公，自己也居三公之上，其弟袁术曾自称皇帝，袁氏一族可谓“五世三公一帝王”。建安四年（199年），袁绍消灭幽州公孙瓒。至此，袁绍已据黄河下游四州，领众数十万，成为当时东汉势力最强的一方诸侯。不久，袁绍被册封为大将军、太尉，总督冀州、幽州、并州、青州，成为中国黄河以北地区的实际统治者。然而，如此“强众”几年后却败死于“弱寡”的曹操，不能不说是一大遗憾，不过纵观袁绍所作所为，又觉得是其必然。

许攸、郭图、审配、逢纪、田丰、沮授乃袁绍几大谋士，虽各有优劣，不相合力，但如果用其所长、避其所短，居中协调，则会智谋泉涌。然而，袁绍却屁股坐歪，有抑有袒，即便这些人谋略不和于己，也不该下田丰于狱中、囚沮授于军中、斥退逼反许攸,致使核心四分五裂,焉能不败?颜良、文丑、高览、张郃、淳于琼乃袁绍几大武将,颜良、文丑死于关羽而不悔,反说:“吾(若)得云长,胜颜良、文丑十倍也。”淳于琼嗜酒误事,信谗言逼反高览、张郃,二者后来都成了魏国名将,尤其是张郃。几大支柱就这样败灭,可见,袁绍不能知人善任。

若论遇事决断,袁绍更显逊色,如重要和关键的几次:为杀宦官“十常侍”,袁绍唆使何进招引外部镇兵。而曹操认为:“但付一狱吏足矣,何必纷纷召外兵乎?”结果,致使董卓专权,京畿无宁日。十七镇诸侯响应曹操讨伐董卓的檄文,会师于洛阳,并推袁绍为盟主后,袁绍虽有门阀之威,但缺少驾驭能力,导致与孙坚反目、曹操孤军奋战无人响应而引败军离去、各路诸侯也纷纷归去。自此,联盟解散。

雄心大志,人皆有之,普济天下,人皆欲之。可拔剑对垒,有的人成功,有的人失败。所谓,谋不可谓不奇,人不可谓不众,器不可谓不利,而终未果,何者?其中一点,就是本人是否胸怀宽广、知人善任,是否深谋远虑、沉着果断,也就是说,他的才能是否高超卓绝。

那是否有了能力,理想就能实现呢?也未必,世上有知识、有能力的人很多,为什么踏上顶峰的人并没有那么多?这些最终能实现理想的人有什么共同特点呢?

有一位少年,一次偶然的机会看到了百货公司的魔术表演,他便在魔术专柜前流连忘返,对专柜前表演的奇幻魔术深深着迷。于是,他用零花钱买下了人生中第一个魔术道具——“空中来钱”。

这个少年开始在课堂上偷偷练习“空中来钱”的魔术。有一次他在课堂上练习时,一不小心让硬币滚落到了讲台边,气愤的老师当场没收了他口袋里的全部硬币。男孩羞红了脸,站起身来奶声奶气地说了一句:“老师,我要成为一个魔术师!”

小男孩的话使全班同学哄堂大笑。委屈的男孩回到家,对父亲说:“爸爸,我的理想是成为魔术大师,可他们却嘲笑我。”他的话还没有说完,气急败坏的父亲就跺着脚朝他大叫:“你疯啦?”

但他瞒着父母,继续保持对魔术世界的痴迷。当同龄人还在玩捉迷藏时,这个男孩却在各大商店的魔术专柜前悄悄学习魔术师的表演,用好奇的钥匙一次一次地去解开魔术的谜底。

因为对魔术的热情和痴迷,他遭到了父母的打骂、同学的冷落、邻居的嘲笑。人们说:“这个整天胡思乱想的孩子是不是疯了?”有一天,内向羞怯的他突然站在讲台上宣布:“我的魔术师梦想不会远了!”同学们一阵哈哈大笑。在同学们的嘲笑声中,他开始表演神奇货币穿盒术,表演结束后,教室里响起了雷鸣般的掌声。他的魔术表演成功了,轰动了全校。

为了练好一个动作,他一个人在家里重复了上千遍。为了让自己的一双手在魔术表演中“呼风唤雨”,他在家里用瓶瓶罐罐搞化学实验,有一次还酿成了火灾事故,滚滚浓烟引来了消防车。

12 岁那年,他去参加儿童魔术大赛。在与数百名强手的竞争中,他脱颖而出,获得了国际魔术大师大卫·科波菲尔颁发的大奖。他把奖杯高高举起,父母惊讶地张大了嘴:“看来,我们得尊重这个孩子的理想,并帮助他去慢慢实现了。”

16 岁时，他认识了职业魔术师徐先生，徐先生告诉他：“魔术不是闭门造车，魔术同这个世界一样，奇妙无比。”在徐先生的帮助下，他的魔术水平得到了很大的提高。

22 岁那年，他正在读大三，第一次参加国际魔术比赛便得了第二名。那次比赛，父母陪着他去了。在台上，他举起奖杯，朝台下的父母深深地鞠了一躬，父母的泪水一下子夺眶而出。他对父母说：“爸，妈，我离理想还远，我要夺第一！”这一次，父母相信了他的话。后来，他一连 5 次夺魁。

在随后征战世界各地的魔术表演大赛的过程中，他获得了 10 多次国际性大奖，成了驰名世界的青年魔术大师。

除了有能力，更重要的是有信念，只有这样理想才更容易实现。实现理想的路上困难重重，任何一个小的挫折，可能都会导致人们放弃，有信念的人才能坚定地踏过这些波折，直达目标，赢得最终胜利。

能力是基础，没有深厚的基础，理想是空谈。而信念是在能力基础上的加速器和稳定器，有了信念，能力才能发挥出真正的效力；有了信念，人们才能在实现理想的路上稳步前行。

第30章

心智模式形成信念

我们会经常看到一些心灵鸡汤，感觉很有道理，觉得应该成为人生信条，最后是否真的成了你的信念呢？基本都没有，这些鸡汤文，对你而言，仅仅是信息。

我们经常看一些励志故事，看到故事中的人基于历练产生出很多信念，例如专注做好每一件事情的信念，我们也想引以为自己的信念去执行，但最后经常执行不下去，为什么呢？

信念是可以从书本上看来的吗？或者从别人身上学来的吗？都不可能。信念是如何形成的呢？我们来看一个故事。

有一个和尚，去到一座山上，山上的庙很破败，这时候他就有了一个心愿，他想重建这座庙。周围人都说："和尚，你出家太久了，你不懂这个世界上的事，整体施工下来要一百万呢。"和尚说："我没有钱。"别人说："那你就别做梦了。"和尚还是坚持："我就想建一座庙，我没有别的想法。"

他只有一个心愿，没有什么其他想法，于是他就在山上待下来，自己运材料建庙，奇怪的是他周围聚集越来越多人，而且是那个城市最有钱的人,都跟随他,一起建庙。现在庙已经建起来了。

后来他又想建一座大雄宝殿,别人又劝他,大雄宝殿和你之前建的庙可不是一个数量级的,和尚还是坚定他的想法,和尚说:“我既然能把庙建起来,我也能把大雄宝殿建起来。”建新的大雄宝殿要把原来的殿拆掉,结果拆下来很多几百年的木头,木头很值钱,他就想这些木头听佛经都听了几百年了,要是做成古琴岂不是很好?然后马上就有一个商人给他投资,让他做古琴。最终,和尚把大雄宝殿建起来了,古琴也成功做成。

信念是如何形成的?这里需要引入“心智模式”的概念。

心智模式是苏格兰心理学家肯尼思·克雷克在1943年首次提出的。彼得·圣吉将其定义为根深蒂固存在于人们心中,影响人们如何理解这个世界(包括我们自己、他人、组织和整个世界)以及如何采取行动的诸多假设、成见、逻辑、规则,甚至图像、印象等。

从本质上看,心智模式是人们在大脑中构建起来的认知外部现实世界的“模型”,它会影响人们的观察、思考以及行动。

心智模式的作用机理主要有四种,即心智模式通过四种途径影响个体的观察、思考和行动。

1. 心理状态

不同的人面对同一件事情,心理状态是不一样的,这便是心态差异。有的人心态是开放的、乐观的,他面对大部分事情的心态都会保持这个状态,而有的人的心态是封闭的、保守的,同样从事情一开始,心态就已经在影响他了。

2. 观察角度

心智模式为人们提供了观察世界的角度，如同一个“滤镜”，会影响人们“看见”的事物。具有不同心智模式的人在观察同一事物时，往往会从不同角度出发。面对同一件事时，不同的人选取了不同信息，得出各种各样的结论，即使对相同的信息，看法也不尽相同，真可谓“仁者见仁，智者见智”。这就是心智模式的作用的体现。

3. 思维路线

认知心理学家瓦瑞拉认为，人的认识并不是一个简单被动地反映客观事实的过程，而是我们经验世界创造的主动过程。基于从外部世界获取信息，我们对其进行解读，做出合理的假设、想象，并按照特定规则或逻辑进行推论，从而做出判断和决策。在这方面，每个人其实都有很多切实的感受。例如，在午夜，你走在空旷的街道上，脑海中会浮现出很多画面，包括潜在的危险等，会不由自主地加快脚步。

4. 行为习惯

彼得·圣吉指出，心智模式不仅决定我们如何理解世界，而且决定我们如何采取行动。因为在心智模式形成和成熟的过程中，人们会逐渐总结规律、发现模式，形成一些对世界的概括性的看法，即价值观和世界观，这会影响人们的判断和行为。例如，相信“X 理论”的管理者会将员工视为懒惰的、千方百计谋求个人利益而不顾公司利益的人，从而更倾向于采取严格的管控措施；而相信“Y 理论”的管理者会将员工视为积极的、能自我约束和激励的人，因此更倾向于采取授权、激励等管理措施。

心智模式其实是“信息—知识—能力”的集合，观察角度其实是在框定信息，选择从哪个角度获取信息，思维路线也是思维模式，在应用知识时,行为习惯是采取行动的模式,也是能力的体现。

信念是如何形成的?在观察角度、思维路线、行为习惯这三层级上多次验证并成功后,使一个人坚信某种观点的正确性,这便形成了以某种观点支配行动的个性倾向,即信念。

信念的形成需要经历以下过程。

(1)对应的场景反复出现,有重复的观察角度。

(2)有应对该场景的知识和能力。

(3)在心智模式作用下,观察角度、思维路线和行为习惯反复验证成功。

(4)反复验证成功后,该场景对应的知识和能力形成信念。

信念不是凭空得来的,也不是像知识一样靠别人教就能形成的。对于个人来说,信念其实就是人生信条,个人没有通过反复体会和验证,是没法形成信念的。

有的人从鸡汤文中读到一句话,感觉非常有道理,认为是其一生应该奉行的人生哲理,这样是不是就形成了信念?

我们来看下面两句话。

(1)集体的成功依赖的不是每个人的才气,而是彼此相互配合、共同努力。

(2)困难是成功者的过滤器、企业成长的助推器。

上面这两句话,有哪些是你的信念?如果感觉有道理,便奉之为信念,其实这只是伪信念,对你来说,甚至只是接收了信息。

来看看这句话:集体的成功依赖的不是每个人的才能,而是彼此相互配合、共同努力。如果没有团队互相配合而成功的历史经验,这样一句话很难成为个人的信念。那么,什么时候这句话会为我们的个人信念呢?

心智模式开始发挥作用时在三层级产生效应：观察角度，理解这句话是在什么场景下发生的；思维路线，明白团队共同配合的方法是什么；行动习惯，曾经通过团队合作，确实取得了成功，而单兵作战曾经失败过。当通过心智模式进行了转化，有过这句话对应的多次成功经验，这句话才能成为你真正的信念。

再来看看这句话：困难是成功者的过滤器、企业成长的助推器。同样的，如果没有过困难帮助人和企业成功的经历，这句话也很难成为你的信念。心智模式在三层级发挥作用：观察角度，理解这句话在什么场景下发生；思维路线，知道为什么困难能过滤出成功者，推进企业发展；行为习惯，有过类似经验，经历了困难帮助人走向成功或困难助推企业发展的过程。心智模式转化并多次验证成功后，这句话才是真正的信念。

没有经过心智模式历练、没有多次成功验证的任何逻辑或道理都不是真正的信念。只有经过心智模式历练并反复验证成功的知识、能力，才能产生信念。

信念形成的逻辑如图 3-1 所示。

这也形成了从信息到信念的“信念漏斗模型”。

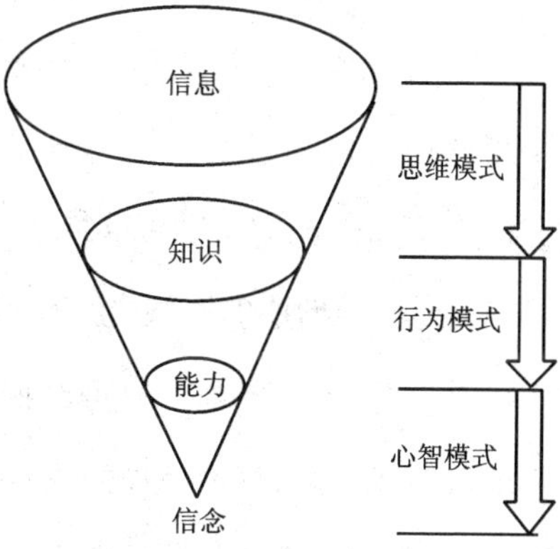

图 3-1

能力漏斗模型是信念漏斗模型的一部分。漏斗的最顶点是信念。信念的范围是最小的，我们有海量的信息、丰富的知识、多种能力，但最终信念可能就几条，信念是最难形成的，一旦形成，也是最稳定坚固的，它不会轻易改变，也不会轻易失去。

第31章

两种心智模式

每个人拥有的信息、知识、能力都有差异。如何应用自身的信息、知识和能力,就是心智模式在起作用。这里有两种心智模式。

(1)**成长型心智模式:**能够不断发现自己的能力并且积极挑战,解决新的问题。

具有成长型心智模式的人,其心理状态是开放的、学习的,观察角度是多方位的,希望从各方面获得信息,其思维路线通常是结构化思维,其行为习惯是主动式行为模式,做事更关注自己是否在发展的状态,而不是结果。他们认为自己的能力可以在挑战中不断地得到提高,这种心智模式大大增加他们成功的可能性。

(2)**防御型心智模式:**安全感没有得到满足,不愿意探索世界、不愿意去面对必要的难题,总在想办法回避伤害。

具有防御型心智模式的人,其心理状态是封闭、防守,观察角度是局限的。其思维路线大多是惯性思维,其行为习惯是被动式行为模式。他们习惯把思维局限在一个狭窄的范围,认为智商、能力水平是天生的,不愿意去做那些与自身能力有差距的事。别人的批评和表扬都会对他们产生影响。他们会因避免挑战而错失很多机会,因此永远在原地踏步,得不到成长。

成长型心智模式与防御型心智模式的对比见表3-1。

表3-1　成长型心智模式与防御型心智模式的对比

心智模式	成长型心智模式	防御型心智模式
心理状态	开放、学习	封闭、防守
观察角度	多角度全面信息	单角度片面信息
思维路线	结构化思维模式	惯性思维模式
行为习惯	主动式行为模式	被动式行为模式

从前有一户人家的菜园摆着一块石头,宽度和高度大约有四五十厘米。到菜园的人,不小心就会踢到那块石头,不是跌倒就是擦伤。儿子问:“爸爸,那块讨厌的石头,为什么不把它挖走?”

爸爸这么回答:“你说那块石头喔?从你爷爷那个时代,一直放到现在了,它的体积那么大,不知道要挖到什么时候,没事无聊挖石头,不如走路小心一点,还可以训练你的反应能力。”过了几年,这块石头留到下一代,当时的儿子娶了媳妇。

有一天儿子的媳妇气愤地说:“菜园那块石头,我越看越不顺眼,改天请人搬走好了。”

这位儿子又回答说:“算了吧!那块石头很重的,可以搬走的话在我小时候就搬走了,哪会让它留到现在啊?”儿媳妇心底非常不是滋味,那块石头不知道让她跌倒多少次了。“为什么会搬不动呢?一定搬不动吗?

不行,我得试试。”儿媳妇想。有一天早上,儿媳妇带着锄头和一桶水,将整桶水倒在石头的四周。十几分钟以后,儿媳妇用锄头把石头四周的泥土搅松。

儿媳妇早有心理准备,可能要挖一天吧,谁都没想到几分钟就把石头挖起来了,看看大小,这块石头也没有想象中那么大。

我们来分析一下以上故事里的人们的心智模式,以上故事中的儿子及儿媳妇的心智模式见表3-2。

表3-2 故事中的儿子及儿媳妇的心智模式对比

人物	儿子	儿媳妇
心理状态	封闭	开放
观察角度	从搬石头没有意义角度观察	从影响出行角度观察
思维路线	惯性思维:石头很重,搬不动	结构化思维:为什么搬不动,一定搬不动吗
行为习惯	被动式行为:祖辈们没搬,自己也没搬	主动式行为:立下搬石头目标,制订计划,采取行动
心智模式	防御型心智模式	成长型心智模式

这两个人的心智模式的差异,很明显地体现了出来。

再来看一个故事。

宋朝知益州的张咏,听说寇准当上了宰相,对其部下说:“寇公奇才,惜学术不足尔。”这句话一语中的,张咏与寇准是多年至交,他很想找个机会劝老朋友多读些书。

恰巧时隔不久，寇准因事来到陕西，刚刚卸任的张咏也从成都来到这里。老友相会，格外高兴。临分手时，寇准问张咏："何以教准？"张咏对此早有所考虑，正想趁机劝寇公多读书。可是又一琢磨，寇准已是堂堂宰相，居一人之下，万人之上，怎么好直截了当地说他没学问呢？张咏略微沉吟了一下，慢条斯理地说了一句："《汉书·霍光传》不可不读。"回到相府，寇准赶紧找出《汉书·霍光传》，从头仔细阅读。当他读到"然光不学无术，暗于大理"时，恍然大悟，自言自语地说："此张公谓我矣！"是啊，当年霍光任过大司马、大将军要职，地位相当于宋朝的宰相，他辅佐汉朝立有大功，但是居功自傲，不好学习，不明事理，这与寇准有某些相似之处。因而，寇准读了《汉书·霍光传》，很快明白了张咏的用意，并自此立志多读书，弥补自身缺陷。

寇准的心智模式见表 3-3。

表 3-3　寇准的心智模式

人物	寇准
心理状态	开放
观察角度	从别人能否帮助自己提升角度观察
思维路线	结构化思维：思考对方的寓意，并联系自身情况理解
行为习惯	主动式行为：主动读书，弥补缺陷
心智模式	成长型心智模式

再来看一个故事。

爷爷小时候很穷，在村子里靠帮别人做些手工活营生。有一天，有个城里人路过村子,需要有人帮忙把东西搬到城里,爷爷自告奋勇地去帮了忙,也因此,获得了一小笔酬谢金。

夜晚,城市里,千家百户点亮了煤油灯,在一片温暖辉煌的灯光里,爷爷终于明白什么叫文明开化。

爷爷非常激动地买了一盏煤油灯回乡,他打算做一个卖煤油灯的小贩,把光明带到家乡。当然,人们一开始并不能接受煤油灯,直到爷爷给他们展示了夜里也能自由活动的好处之后,大家蜂拥而至地开始买煤油灯。爷爷的煤油灯生意非常红火。

本来生活平静而又和谐,多年后,爷爷又一次上城赶集,惊讶地发现大家都不再用煤油灯了,而是用通电的电气灯。当看到恍如小时候那样美丽的情景时,已过中年的爷爷脑中出现的,是自己的生意做不下去了,一切都毁了。

这次他回到村里,自己没有采取什么行动,但村里人也已经知道电气灯的存在。人们数着一堆电气灯的好处,爷爷紧紧皱着眉头。大家开始聚集在一起修建电路。晚上,爷爷翻来覆去睡不着,拿着打火石冲去了修电路的地方,想要一把火烧掉那里。结果,打火石打出零星的火点丝毫不起作用。这时,爷爷大喊:“过时的东西在关键时刻就没用了。”喊完,被自己说出的这句话给镇住了,清醒了。

随即,爷爷回家毁掉了所有煤油灯。

心智模式也有可能发生转变,在这个故事里,爷爷的心智模式就发生了转变,从一个封闭型心智模式,转变成了开放型心智模式。

第 32 章

舒适区和学习区

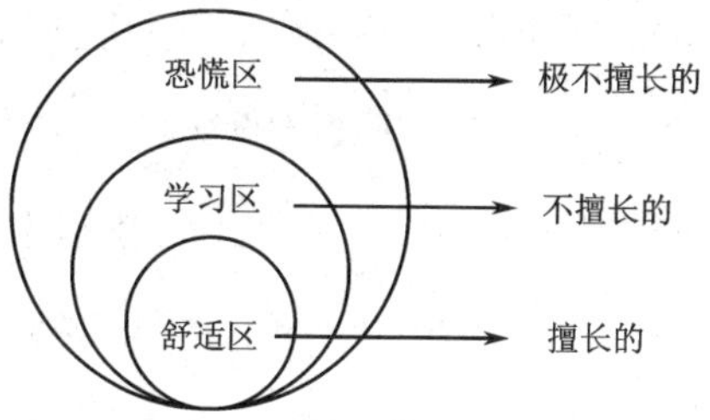

图 3-2

在心理学领域，将人的心理分为了舒适区、学习区和恐慌区，如图 3-2 所示。

舒适区（comfort-zone）：在个人能力范围内的、心理状态和行为都感到舒适的领域。

学习区（stretch-zone）：接触少或未曾涉足的领域，心理有压力，但可能通过学习、成长最终掌握的领域。

恐慌区（stress-zone）：完全陌生的领域，由于能力不足感到忧虑、恐慌，甚至不堪重负。

比如我们看一本书，如果这本书所说的内容都是我们所熟悉的，完全符合我们已有的世界观和人生观，这本书就在我们的舒适区内。如果这本书说的内容与我们原有的世界观和人生观不符，但是我们思考之后仍然能够理解、接受，那么这本书就在我们的学习区内。如果这本书我们根本就理解不了,并且由于理解不了会产生抗拒情绪,那么就是在恐慌区内。

在舒适区里,你干的是自己最熟悉的事,在这里你只能进行知识和技能的熟练度的加强。在舒适区,我们得心应手,每天处于熟悉的环境中,做在行的事情,和熟悉的人交际,甚至你就是这个领域的专家,对这个区域中的人和事感觉很舒适。但是学到的东西很少,进步缓慢,而且一旦跳出这个领域,面对不熟悉的环境及变化,你可能会觉得有压力,无所适从。

在学习区里,知识和技能都是我们能懂但不太懂的,学习这些知识和技能属于那种跳一跳可以够得到的高度上的挑战。学习区里面是我们很少接触甚至未曾涉足的领域,充满新颖的事物。在这里,我们可以充分的锻炼自我、挑战自我。比如,生活中,换一条上班的路线;学习中,接触另一个专业的书籍;工作中,切换到另外一个岗位。在这里,我们可以通过拓展边界来得到最大限度的成长,这才是学习和提升的有效区域。

在恐慌区里,你要干的是不擅长的事,这里的知识和技能超出你的边界太多,基本无论如何努力都难以学会。在这个区域里,你会焦虑、恐惧,不堪重负,这个区域不是有效的学习和提升区域。在恐慌区里,由于把所有的精力都用于应对自身的焦虑和恐惧,所以没有多余的精力去学习,由此而导致一个死循环:越学习越焦虑,越焦虑越恐慌。

每个人的舒适区不一样。有些人是宅在家里,不愿意接触人;有些人喜欢不被打扰地做自己的事;有些人醉心于自己的专业,不愿意学新的东西。在舒适区里,我们的思维模式通常为惯性思维模式,行为模式通常为被动式行为模式,心智模式是防御型心智模式。但是如果进入学习区,思维模式还是惯性思维、行为模式还是被动式行为模式，心智模式还是防御型心智模式，那么在学习区里我们是很难适应的，更多的是发现目前的知识能力不能匹配，进而感到恐慌，这样的学习区其实已经是恐慌区了。对于这些人来说，恐慌区适应不了，他们就缩回去了，退回舒适区，最终被恐慌区锁死。

心理学研究结果表明：只有在学习区内做事，人才会进步。尝试新鲜事物，探索未知领域，能开拓思维和视野，激发潜力。

那如何在学习区获得成长呢？对应的思维模式应当是结构化思维，行为模式应当是主动式行为模式，心智模式应当是成长型心智模式，这样的状态就会完全不一样，你会非常兴奋地发现新的事物、新的需要突破的地方，你不再害怕，还很愿意去学习新东西，甚至以获得新知识和新能力而高兴、自豪，你逐步拓展并适应了自己的新的领地，很快把知识和能力的基础夯实，这样学习区就慢慢变成了你的舒适区，舒适区就将不断扩大。

防御型心智模式下三区演变情况如图 3-3 所示。

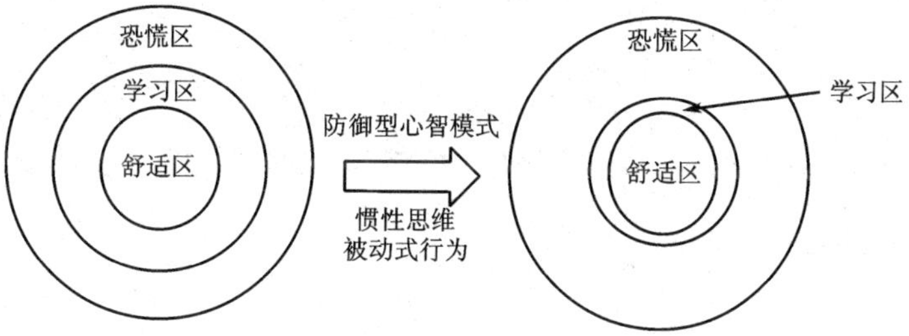

图 3-3

成长型心智模式下三区演变情况如图 3-4 所示。

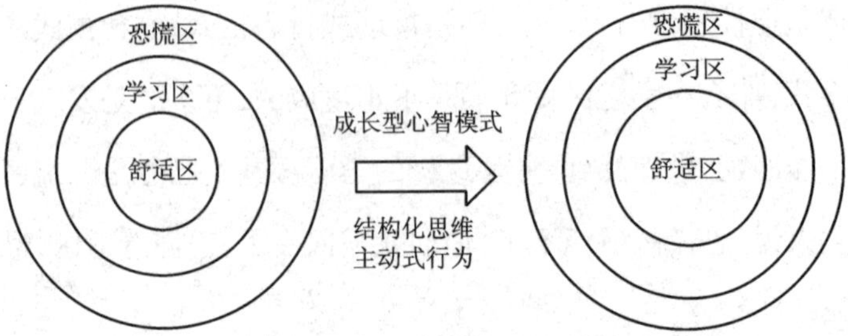

图 3-4

对应前文的能力竖井模型,大部分人的舒适区都是自身具备较丰富知识和较高能力的区域。在这个区域里,知识和能力能够得到很好的发挥应用,你的压力很小。扩大舒适区也就是拓展能力竖井,当我们在学习区进行知识吸收和能力提高时,应用的方法则可以采用前文提到的"光环法",将核心能力关联拓展,形成新的能力。能力具备了,该学习区自然变成了舒适区。扩大能力圈和扩大舒适区,其本质是一回事。

在心理学中有一个关于舒适区的经典实验。1908 年,心理学家罗伯特(Robert M. Yerkes)和约翰(John D. Dodson)提出,人们在相对舒适的心理状态下,表现很稳定,但是,如果增加一点焦虑或者压力,可以使人们达到最佳表现!而增加的这一点焦虑或压力,则被称为"最佳焦虑值"。这一点焦虑及压力,恰好是在舒适区的外沿,触及了学习区,并且通过压力使得能力提升,从而将舒适区扩大。前文"压力夯实能力"一章里说的跟该实验说的是一件事。

第33章

职场里的心智模式

某公司的负责人查理不得不开除一个很有希望的青年高级职员马克,因为他不能接受别人的批评。马克是从学徒工成长起来的,他很聪明,有才干,工作努力。按理说,从学徒工到公司工程估算部的主管,他应当知道自己成长的艰辛,应当知道自己怎样才能得到更好的发展,然而,他却不能接受别人一次小小的批评,使自己的前程毁于一旦。

有一次,一个速记员查出马克估算中算错了两千元,于是把详情呈报上去。后来这件事传到查理那儿。

这位年轻的估算主管马克听了查理的查问后,勃然大怒:“这个速记员不应该查问我的核算。”他气愤地说,“他也不应该提出来。”

“但是你承认你的核算是错了,是不是?”查理问他。

“是的。”马克说。

“然而你认为速记员还是不应该说出来,而公司应当受损失以免有伤于你的威严吗?”

马克不说话了。查理便规劝他,说他如果再这样做,就很难成为一个干大事的人。

后来这件事渐渐被大家淡忘。大约过了一年之后,马克报上去一个十万元的某项工程估价方案,其上司仔细校对他的核算,觉得这数目应当再加一倍,这事又被呈到查理面前。于是,查理再度叫他前来。然而,查理没有想到这位年轻的估算主管会这么对他说:“我知道你是怎么想的,你是想用这项工程来陷害我。你上次恨我,于是这次特别请了工程师核算,故意打击我,压制我,我的计算是对的,你在蔑视我的能力。”

查理回答说:“那好,你自己请几个工程师来计算吧,看看谁对谁错。”在最终核算的结果上,最后马克承认是自己的计算错了。

查理这回说:“现在我们只能各走各的路了,因为你不能接受公正的批评。”

我们来分析一下马克的心智模式:心理状态,封闭、保守;观察角度,不是从事情本身观察,而是从人员关系角度观察;思想路线,不是以结构化思维思考为什么错,错在哪,而是以惯性思维认为自己没错,并认为对方是在陷害自己;行为习惯,不是去检查是否真有错误,而是直接拒绝批评。

马克的心智模式是典型的防御型心智模式。

这样的场景我们是否很熟悉?我们周边的人以及自己,是否经常会遇到这样的场景? 有些人其实挺聪明,也很有才干,但最后一直在基层,没有得到晋升,为什么呢?

我们再来看另外一个故事。

三国时,魏国名将张辽同护军武周原是密友,只是因为一点小事,他们就突然闹崩了,见面竟然连话也不说。张辽听说胡质的学问和人品都不错,便托人给胡质捎话说,要去拜访他,同他交个朋友。

胡质乘机诚恳地劝诫说:“交朋友,应看大节,不计小事,才能长久地保持友谊。武周为人不错,你也曾夸奖过他。现在,只为鸡毛蒜皮的小事,你就不理他了。我的才学比他差远了,怎能使你长久信赖呢?因此,我们俩好不了多久就会崩,还不如不结交呢!”张辽听了又感激,又惭愧,连连称谢。

随后,张辽给武周道歉,承认自己的错误,武周也做了自我批评,两人和好如初。胡质笑着对张辽说:“知过能改,你这个人可交”。说着,就热忱地邀请张辽到自己家里做客,结下良好友谊。

张辽与上文中的马克有了明显的差别,我们来分析一下他的心智模式:心理状态,开放、成长;观察角度,观察如何结交更多的朋友,而不是观察被批评这件事;思维路线,被人批评时,反思自己的行为,思考交朋友看大节、不计小事的道理;行为习惯,给武周道歉,并承认错误。

张辽的心智模式是典型的成长型心智模式。

如何判断自己的心智模式是防御型还是成长型呢?批评是很好的检验心智模式的工具。面对批评,两种心智模式下,人会做出不同的反应,来对比一下。

成长型心智模式下:心理状态,开放,批评能帮助进步;观察角度,从被批评的这件事本身出发;思维路线,为什么这件事会被批评,事情本身有什么问题,如何改进;行为习惯,了解事情本身的对错后,接受批评,改正错误。

防御型心智模式下:心理状态,保守,批评代表不被认可;观察角度,从批评人对自己的态度出发;思维路线,为什么批评人要批评,批评人的动机是什么,如何降低批评的强度;行为习惯,以迎合批评人或抗拒批评人的方式来行动。

简单地说,面对批评时,具有成长型心智模式的人会认为批评是对事不对人,而具有防御型心智模式的人会认为批评是对人不对事。当对事不对人时,我们就能更好地把事情想明白,下次不再犯同样的错误,这样能力就能提升;而对人不对事时,会陷入人际关系的思考,而事情本身的对错已经很难去分辨了,那么下次再遇到类似的事情时,依然会犯错,能力自然难以提升。

那我们需要如何面对工作中的批评呢?大家经常可以看到这样的现象:有的人听到表扬马上兴高采烈,工作劲头大增;一旦受到批评,就会情绪低落,工作热情大减。其实,批评与表扬一样,一个人如果受到批评能够及时改正,那就是进步。当然,批评不像表扬,让人有如沐春风的感觉,再善意的批评也不能让人心情舒畅。但是"良药苦口利于病,忠言逆耳利于行",就像果树需要经常的"打杈摘心",才能结出丰硕的果实来一样,我们的成长和进步同样不能缺少批评。

有一天,墨子痛骂他的弟子耕柱子。耕柱子很难过,觉得自己很委屈，抱怨说："为什么我犯的错误最少，却总是受到你这么严厉的批评呢?"墨子听后问道："赶一匹马和一只羊上山，如果是你，你会用鞭子抽打马还是羊?"

耕柱子马上回答："我当然是要打马了。"

墨子接着问："你为什么是去打马而不是打羊?"

耕柱子回答："马儿力大跑得快啊，打羊打了也是白打。"

墨子最后郑重说道："我之所以这么严格要求你，正是因为你像马而不像羊值得我批评啊!"

我们经常会听到有些领导说："我之所以批评你，是因为你值得批评，你有成长的空间，那些不被我批评的人，有很多是没有成长空间的，批评也就没有意义了。"

具有防御型心智模式的人认识不到这一点，有些人本能上就抗拒批评，拒绝改正，这样代表成长的潜力有限，自然最后的发展也有限了。

具有成长型心智模式的人接受批评，不断改进，最终能把成长的潜力充分挖掘出来，取得比一般人更好的发展。

第 34 章

信念助力成功

当我们有了成功经验,并且是多次的成功经验,我们会形成信念。有了信念后,在成长型心智模式下,我们会发现,有些事情会变得更简单,成功会更容易。

信念加上成长型心智模式,会让成功成为一种习惯。

我们来看一个案例:

1971 年,埃隆·马斯克出生于南非, 18 岁随父亲移民加拿大,后来转学到美国宾夕法尼亚大学。在他开始攻读物理学硕士学位的第二天,就决定离开学校,开始创业,他的传奇之旅就此展开。

1995 年,马斯克和弟弟一起创办了一家 zip2 的软件公司。1999 年,这家公司被康柏电脑公司收购,马斯克从中获利 2200 万美元,这是他人生的第一桶金。同年,他投资 1000 万美元与人合伙创办了在线支付公司"X.com"。三年后这家公司又被易贝公司以 15 亿美元收购,马斯克从中获利 1.65 亿美元,赚足了他走向"钢铁侠"之路的资本。

2002年，年满30岁的马斯克决定要实现自己的儿时梦想——造火箭。但是，从来没有私人公司敢涉足这个领域。这个疯狂而大胆的想法靠着他的1亿美金和一本《火箭推进基本原理》开始付诸实践，并且他定下的目标相当宏伟：将火箭发射成本降到市场价格的十分之一、把人类送到火星。

六年的时间里，这家叫SpaceX的火箭公司除了为人们奉献了三次价值千万的烟花表演（发射失败），一无所获，几乎破产。2008年，金融危机来临，SpaceX命悬一线，只要没有新的资金投入，公司马上面临倒闭，于是马斯克开出了300万美元的支票，这也是他最后的300万，并且还在到处借钱。凭着这种坚韧的意志，终于公司在同年年底获得美国NASA公司16亿美元的合同，公司起死回生！

在造火箭的同时，马斯克也没闲着，2004年还投资了一家电动车公司——特斯拉。马斯克造车的思路同样非常清晰：第一步，造一款产量小但是价格昂贵的车；第二步，用赚到的钱造价格便宜的车。

在生产第一款豪华电动跑车时，由于成本降不下来，于是他把创始人赶出公司，自己领导公司渡过了难关。然而，困难不会只有一个，在制造定价为3.5万美元的亲民的model3的时候，特斯拉的产能遇到了极大问题，眼看交付日期就要到了，但是产能还迟迟达不到要求。

于是马斯克再次使用出大招，把负责生产的主管开掉，自己搬到工厂里亲自监工，甚至睡在工厂地板上，很多天澡都不洗。在老板的亲自监督下，工厂终于在交付日前达到并超过了周产5000台的目标。

这一成就，不但让特斯拉度过了危机，还让那些做空特斯拉的“空头”

亏损了近20亿美金,可谓一解马斯克胸中恶气。

不仅如此,这位科技狂人还在建造时速达到每小时1000千米的超级高铁;开创了可以模拟人脑神经的脑基互联公司。马斯克在不断成功,用科技改变人类的生活。

在2015年博鳌亚洲论坛上,百度李彦宏、微软比尔·盖茨、特斯拉埃隆·马斯克三位大佬围绕"技术、创新与可持续发展"展开了讨论。

李彦宏问马斯克:"你是怎么有如此能力做到这么多伟大的事情的?你是一步一步做的还是说最开始就有一个非常大的目标,然后沿着这个目标去努力?你怎么一辈子做了这么多伟大的事情,你是怎么成长的?"

马斯克回答:"我不怕失败,预期到失败,我做这个事情的时候只有10%的成功率就去做吧,特斯拉的很多工作都是这样,做过的很多努力其实最初都是很辛酸的,但是我坚信这么做是对的。成功的人是非常坚信自己所做的事情的,是信念让我不断地去尝试新的事情,并不断把它做成。"

因为信念的存在,成功是可以复制的。那么,信念是怎么帮助人成功的呢?

首先需要明确的是,真正的信念才能帮助人成功。前文提到过的,未经心智模式反复验证成功的一些理念,不是信念,或者是伪信念,伪信念不能有效助力成功。

第一,信念会增加必胜的信心。因为历史有成功案例,成功案例的存在会让你信心百倍。因此,无论是遇到什么麻烦、什么难题,还是以弱势或劣势与对手竞争，信念的存在会让你充满力量，去克服困难战胜对手。相反，如果没有胜利的信念，不战而溃，那就只能是失败，不会有胜利的可能。

第二，形成信念的前提是具备知识和能力。信念的形成代表着该知识和能力是充分验证成功的，当遇到类似的场景时，信念会调用历史的知识和能力，在历史的知识和能力之下，类似的场景就能轻易破解。

举例来看，当我们有这样一个信念：集体的成功依赖的不是每个人的才能，而是彼此相互配合、共同努力。这代表历史上有多次团队配合成功的经验，有团队配合的方法，也就是具备团队配合的知识，也有实际团队配合的能力。当又遇到新的场景时，这个信念便会调用团队配合的历史知识和能力，结合新场景进行应用和深化，通过团队配合的知识和能力，进一步取得成功。

强烈的信念会帮助人成功，会让优秀成为一种习惯，也会让成功成为一种习惯。

第35章

历史信念可能是绊脚石

成功会形成信念,有信念会更容易再次成功,但是多次成功之后的信念,就一定是对的吗?

历史信念能帮助人再次成功,但是也可能导致失败。

日本企业在20世纪引入西方管理思想,并在商业合作中加入东方文化,多方构成类似亲缘关系的联盟,大家实施更高效的商业配合。对此的例子是丰田,丰田汽车的上下游合作商只有几百个,而且都是长期固定合作。丰田实行的是共同发展策略,当丰田有新车开发项目时,在项目启动阶段就会让供应商们参与进来,这样零件供应商们就会更好地了解丰田未来需要的技术支持,自己的生产工艺也会随着丰田的发展而提前调整。正是由于这样高效的深度配合,丰田曾经实现了零库存的商业神话,即所有的零部件都在供应环节中,零部件入厂就上流水线,成品下流水线就出厂进入经销商网络。这种高效的配合需要的是同步发展,需要的是亲密且稳定的联盟合作关系。

在生存竞争中为了获胜，日本企业通过中西结合，建立起强大而稳固的联盟结构，将工业时代的商业逻辑发挥到了极致。所有的环节高效协作，高效率最终反映到产品上就是高性价比，无敌的产品赢得了市场和顾客认同、建立起品牌。这为生存创造了有力的保障。

正是日本这种商业文化，造就了日本一代明星企业。像丰田、本田、索尼、松下这些核心企业，都有自己的联盟班底，从供应商到分销商，还有金融企业联盟等。在联盟内，大家同步发展，企业彼此间可以拿到最低利息的资金支持，彼此之间以固定合作关系共生，以情感关系来降低利益博弈，将产业结构优化到了极致。因此，十几年前，日本企业的产品形象就是价格低、质量好，在很大程度上碾压了它的欧美“老师”。像汽车、电视、相机、电子表等，日本的产品在世界范围内都首屈一指。

但是，到了互联网时代，环境在发生变化，一种商业环境切换到了另一种商业环境，商业逻辑也跟着发生了变化。互联网时代，商业模式、技术模式一直在推陈出新，上个月的技术到下个月可能就过时了，刚还是明星产品下一秒可能就被迭代者取代了，这个时候企业要想生存，就更需要从大范围内尝试新的商业模式，找寻合作方，进行模块拼接创新。每个企业都将自己的业务打磨成模块，然后和其他模块进行拼接合作，这个过程中那种稳定的关系就不那么重要了。原本对内的超稳定结构，变成了对外的超不适应结构，既无力内部革新，又无勇气外部打破。结构稳定，在变化的时代反而成了不适应变化的制约，新商业模式难以建立，变革难度增大。商业环境的变换导致日本企业本来的杀手锏，成了锁死自己发展的索命绳。

在这个案例里,最初日本企业为什么能成功?因为产业联盟是其核心能力,稳定合作也是其成功信念。但是互联网时代来临,其核心能力就成了约束其变革的显要阻力,其稳定合作的成功信念就不再适用了,最终企业发展陷入被动。

信念之所以能成为信念,是经过历史多次检验的,是有其支撑的认知体系的,也是在历史上反复成功实践过的。但是,我们要注意到,该反复成功实践是有环境背景的,当环境没变化,对应的知识和能力是适用的,历史信念便能帮助个人或企业成功。但当外部环境发生了本质变化,历史的知识和能力可能已经不再适用时,这时候我们必须检讨信念能否继续成立。若坚定的坚持历史的成功信念,并且继续按照该信念行动,那么该信念可能会导致个人面临失败,企业陷入危机。

怎么判断历史的成功信念可能是绊脚石呢?还是从心智模式来看。首先,看心理状态,心态是否保守,历史的成功会使人或企业舒适区,要看是否已经有了喜欢舒适区的心态;其次,看观察角度,观察角度重点是看环境的变化,分析环境的变化,整理历史环境和现在所处的环境,形成新的信息;再次,看思维路线,基于这两类信息,构建知识体系,判断历史知识体系和现在知识体系是否有巨大差异;最后,看行为习惯,基于知识体系深挖个人或企业的行为习惯是否合适,能力是否有巨大变化。若信息偏差大,知识和能力有本质差别时,这时基本可以判断,历史成功信念有可能不再适用了。一旦再应用,会成为再发展的绊脚石。

第36章

核心能力会成为能力陷阱

我们先来看一个故事。

一个木匠，能造一手好门，他费了很多时日给自家造了一个门。这门用料实在，做工精良，周边邻居都夸他的门做得漂亮。

但是随着时间推移，在不断使用中，门上的钉子锈了，掉下一块板，木匠找出一个钉子补上，门又完好如初。后来又掉下一颗钉子，木匠就又换上一颗钉子；后来又有一块板朽了，木匠就又找出一块板换上；后来门栓损了，木匠就又换了一个门栓；再后来门轴坏了，木匠就又换了一个门轴……于是若干年后，这个门虽经无数次破损，但经过木匠的精心修理，仍坚固耐用。木匠对此甚是自豪，多亏有了这门手艺，不然门坏了还不知如何是好。

忽然有一天邻居对他说："你是木匠，你看看你们家的门？"木匠仔细一看，才发觉邻居家的门一个个样式新颖、质地优良，他们都用上了有着最新款式和技术的门，而自己家的门却又老又破，布满了补丁。于是木匠很是纳闷，但又禁不住笑了："是自己的这门手艺阻碍了自己家门的发展。"正因为木匠有修门的手艺，木匠不断地修复早已使用多年的老式的门,而邻居们发现老式门不再适用了,就换了一扇新的门,质量工艺更高。于是木匠一阵叹息:“学一门手艺很重要,行业上的造诣是一笔财富,但也是一扇门,能关住自己。”

造门是这个木匠的核心能力,最终这项核心能力却影响了自家门的提升。

我们再来看一个案例。

有个工厂生产有一定技术含量的产品,厂里有一位技术主管老王,带着几个徒弟负责产品的技术。其中小李是老王徒弟中的佼佼者,得到老王的真传。由于工厂生产的产品质量过硬,销量越来越好,老板也很器重老王。由于技术过硬和老板的器重,老王自信心越来越强,认为没有什么技术难题可以难倒他。

随着销量越来越大,现有的生产线和设备已经不太够用了。而此时有一家设备供应商提供了一套新的设备和一条配套的生产线,采用的是新技术,据说能把生产效率提升一倍以上。但是因为是新技术,需要技术人员重新学习。是在原有的技术设备上再加一条生产线,还是引入新的设备和生产线,老板犯难了。老板问老王的意见,老王说:“这些所谓新技术都是忽悠人的,技术不成熟,风险很大,隔壁厂都试验过了,次品率很高,对我们也肯定没用。”

抱着试一试的想法,老板还是引入了新设备,让老王组织新设备调试。老王坚持认为设备没用,说没时间去研究这个新技术,不愿意参与设备调试。而小李对新技术和设备感兴趣,跃跃欲试,老板无奈之下,让小李去设备厂家学习新技术,并负责设备调试。

新生产线的设备试运行过程中,生产的产品次品率很高,老王便说:“看吧,我说这个设备没用,生产的产品远不如以前,还是以前的技术靠谱。”

小李没有放弃,跟设备厂家了解技术参数,结合企业产品的特性,把历史的技术和新设备的技术做了融合,反馈给了设备厂家,设备厂家对设备的参数进行了更新。再次试运行之后,产品的品质稳定了,由于技术先进,产品的产量和质量更上了一个台阶。

老板对新生产线非常满意,但新设备和技术老王一点不熟悉,而小李更熟悉,老王在工厂里逐渐被边缘化。当老板把旧生产线全部替换成新生产线之后,老王处境已经非常尴尬。最终,老板将小李提升为技术主管,而老王则在小李提升为技术主管的同时,离开了公司。

在这个案例里,老王是怎么被淘汰的呢?

老王在工厂多年,技术过硬,其技术已经成为其核心竞争力,并已经有了自己能解决所有技术难题的信念。在这样的场景下,老王已经构建出了核心能力圈,这个圈也是一个舒适圈,老王在圈里如鱼得水。但是,技术是会革新的,老王的心智模式是防御型心智模式,不再主动拥抱新技术。最终,其过硬的技术核心能力已经将其约束住了,使老王逐渐被淘汰。

为什么核心能力会约束个人发展呢?因为核心能力也是人的核心竞争力,个人能力越强,竞争力越强;一旦走出这个圈,竞争力则下降。而保持竞争力的一个方式,是不走出这个圈,只解决该圈内的事情,或者把圈外的事情引入圈内解决。这样应对采用的心智模式是防御型心智模式。

在防御型心智模式下,一个人的核心能力会形成舒适区,在舒适区里会得心应手。但是舒适区也构成了一个约束圈,约束圈会约束个人自身发展。当遇到外界新的刺激时,例如新的知识或能力冲击约束圈,防御型心智模式会将新知识或能力挡在圈外,从而会把约束圈继续加厚,砌筑成墙。当外界不断有新的冲击,历史核心能力所形成的信念会把这道墙不断加高。久而久之,形成了一个陷阱,让自己走不出去,同时外面新的知识和能力也进不来,最终这样一个能力陷阱将个人锁死在核心能力圈里,无法再发展。

这样的局面,我们可以用能力陷阱模型来解读,如图 3-5 所示。

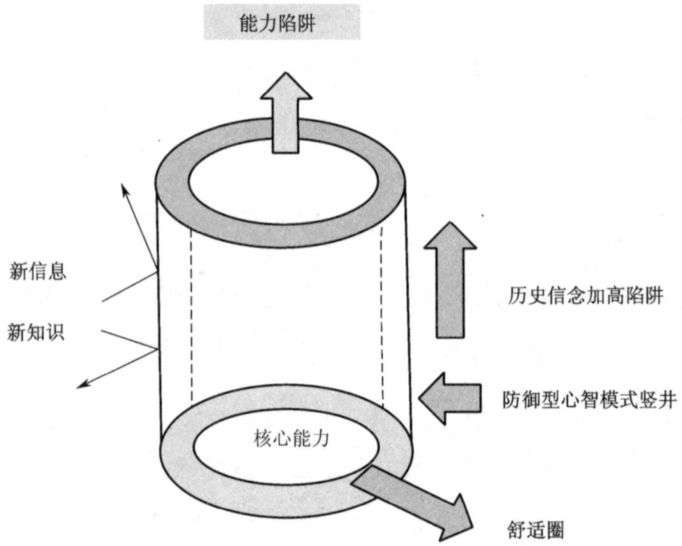

图 3-5

在能力陷阱模型中,能力陷阱的构筑过程如下。

(1)形成核心能力。

(2)核心能力助力成功,历史的成功形成舒适圈。

(3)防御型心智模式在舒适圈边缘砌筑一道墙,防御新的知识和能力的冲击。

（4）历史成功养成的信念会不断加高防御墙，隔离各种新的知识和能力，最终形成能力陷阱。

核心能力、舒适圈、防御型心智模式、历史信念是能力陷阱模型构成的要素。

怎么判断一个人进入核心能力陷阱呢？其中一个简单的判断标准就是能不能接受新的信息和知识，并愿意实践新知识。工作中有很多资深人员，都有核心能力陷阱。例如很多资深的专业人士，并不太愿意参加公司的培训，即便参加了也就听一下，并不会去实践知识。并不是这些培训对他没有意义，而是他认为他的能力已经足以优秀地完成工作，不需要接受新的知识，也不需要去实践新的知识进而形成新的能力。

企业发展也面临着同样的问题，我们来看下面的案例。

柯达公司，曾是世界上最大的影像制品及相关服务的生产和供应商，由乔治·伊士曼在美国纽约州创立。

1964年，经过长达10年的研究，柯达推出了“立即自动”相机。这种相机更加简单轻便、易于携带，无须测距对光就能获得清晰的照片。这种老少皆宜的相机一上市就获得了750万架的销量，创下了相机销量的世界最高纪录。

1973年，在这款相机的基础上，柯达又推出了超小型匣式相机。方便到可以放在口袋里，就是大名鼎鼎的傻瓜相机。一推出便大获成功，全球销量达1000万架。

随着影像市场的发展，柯达将重点放在了胶卷的生产和冲印上，在胶卷和冲印上赢利，这一战略使柯达几乎垄断了整个冲印市场。在20世纪接下来的日子里，柯达可以说是发展得顺风顺水，不断有新技术和新产品推出，取得了非常不错的成绩。1997年2月，柯达市值更是达到了310亿美元的巅峰，风光无限。

跟大多数公司一样，习惯了成功就忘记了失败。2000年左右，数码时代的来临并没有被柯达抓住。其实，最先发明数码相机的也是柯达，1975年，柯达相机工程师就研发了世界上第一部数码相机。但在既得利益面前，当时柯达公司高层看过这台数码相机之后，对工程师说："这个东西看着不错，但是千万不要和别人提起它。"

你不做的东西不代表别人就不会做。这时，被柯达压迫多年的富士等一大批公司开始在数码相机市场发力。而佳能这样的厂商，也开始不断推进数码相机的发展。

在2000年左右，传统的胶片相机就已经达到了自己职业生涯的最高峰，随着数码相机的不断涌现，其产量逐渐递减。到2003年，就已经完全被数码相机所赶超。

同时，手机等一些智能照相设备的出现，又严重打击了数码相机市场。柯达销售额年年下滑，2012年申请了破产保护。至此，柯达逐渐消失在人们眼中。

柯达公司的核心能力是生产胶卷，其取得了巨大成功，也坚信其成功之道。对于新技术采取防御心态，最终形成的能力陷阱让公司走向失败。

企业和个人一样，都会形成能力陷阱，一旦能力陷阱形成，破除的难度则相当大，会严重制约个人和企业的发展。

第 37 章

破除能力陷阱

如何破除能力陷阱呢？乔布斯和他的苹果公司就是典型的破除能力陷阱的例子。

乔布斯重回苹果公司后，于 2001 年推出数字多媒体播放器 iPod。到 2015 年，其年销量已达 2000 万台。苹果由此成为时尚科技的代名词。

但早在 2004 年，乔布斯就“总在担心有什么会让我们陷入困境”，并得出结论：“能抢我们饭碗的设备是手机。”

彼时，手机开始配备摄像头，数码相机市场低迷。乔布斯推断，同样的剧情也可以在 iPod 上演，当手机中可以内置音乐播放器时，人们还需要 iPod 吗？

当时的手机市场已呈爆发趋势，2004 年全球手机销量已超过 6 亿部。一旦担忧成真，iPod 的毁灭将在一夜之间。但此时的乔布斯并不打算做手机，一方面，不同品牌的手机访问网络受到运营商的控制，乔布斯向来不喜欢受制于人；另一方面，他希望苹果继续保持专注。

乔布斯在思考:“iPhone 应该是什么样子?”结合苹果公司历史的优势,研发团队出了两套方案:①直接把广受欢迎的 iPod 做成手机,技术上也相对容易实现;②让 Mac 电脑变形为微型的触摸型(多点触控)、可打电话的平板电脑。

为节省时间,乔布斯将团队分成两组 P1 和 P2,同时攻关。6 个月后,乔布斯开始做抉择了。P1 团队研发的滚轮模型进展较快,但始终没有找到简单的拨号方式;P2 团队多点触控方案完成率大概只有 8%,但大家一致认为它更让人激动,也更有前景,最重要的是,它赢得了乔布斯的青睐。

乔布斯领导的研发团队,不断基于历史的产品体现进行总结与优化。例如,以前的 iPod 经常出现这个问题,手机放在口袋里不小心碰到会播放音乐或拨号,解决方案里有一种是开关切换,但乔布斯很讨厌这个动作。他觉得手指轻轻划过的动作更优雅。于是,屏幕上的滑块应运而生。

iPod 产品被人乐赞的一个点是产品薄,这个特性也被引入了 iPhone,因为在乔布斯的审美中,薄即是美。但这要以电池固定不能更换为代价。这一点乔布斯也并不介意,他刚好不希望有人乱动设备的内部,就像苹果早期的电脑产品一样,于是索性把整个手机封得死死的,哪怕修理店也不可以轻易打开。

到 2006 年,苹果已设计开发出了三款不同版本的 iPhone,此后又开发出 6 款功能完整的原型机,每一款都各具特色,每一次变化都牵一发而动全身,背后是浩瀚的复杂工程。

2007 年 1 月 9 日,乔布斯从容地走上台,告诉世界,iPhone 来了。

弹指之间,十多年过去,改变了世界的乔布斯已经离开世界,但他还在鼓舞和影响着无数人。

乔布斯和他的苹果公司在 iPod 成为其核心竞争力之后，走出舒适圈，以积极开放的心态研究新产品。最终 iPhone 面世，iPhone 也为乔布斯和苹果公司带来更大的辉煌。乔布斯和他的苹果公司成功地破除了能力陷阱。

如何破除能力陷阱？我们先从能力陷阱模型分析构成能力陷阱的原因是什么。

上文提到了构成能力陷阱的四大要素：核心能力、舒适圈、防御型心智模式、历史信念。核心能力本身没错，构成能力陷阱的核心原因，还是舒适圈、防御型心智模式和历史信念。

因此，如果能力陷阱已经形成了，破除能力陷阱需要走三步。

（1）走出核心能力舒适圈。

（2）改变防御型心智模式。

（3）改变与重构信念。

这三步一步比一步难。

如何走出核心能力舒适圈？这个问题其实跟改变防御型心智模式相辅相成。核心能力形成的舒适圈，也是舒适区的一种，前文有提到，防御型心智模式会让人困在舒适区里。走出核心能力舒适圈，不是将核心能力放弃，而是将核心能力扩大，将核心能力舒适圈扩大。具体的方法就是“光环法”：①用结构化思维将外界新的信息与知识转化成自我的知识；②用主动式行为模式，围绕核心能力和新知识，打造出新的能力，将其并入核心能力范围;③在成长型心智模式下,把这部分学习区转化成舒适区,让核心能力舒适区不断扩大。

走出舒适圈和改变防御型心智模式这两件事,都会关联一件事:改变防御型心智模式,转换成成长型心智模式。

从根本上改变一个人的心智模式是一件艰难的事情,那么具体应该怎么做呢?

如何改变心智模式,形成成长型心智模式,我们以前文提到的技术主管老王为例。

第一步,改变心理状态。对待新技术的心态,不应是抗拒的心态,而是学习的心态。

第二步,改变观察角度。不以该新技术设备的弊端为关注重点,例如次品率,而是以该技术设备的优点为关注重点,例如产量提升。

第三步,改变思维路线。不以惯性思维认为新技术设备一定无可取之处,以结构化思维来思考新技术设备。如第一层目的层,思考新技术设备能带来怎样的价值(产量提升);第二层方法层,思考该技术设备为什么能带来这样的价值(产量如何提升的);第三层结果层,思考该产量提升是否真实有效(是否次品率过高导致无效)。

第四步,改变行为习惯。改变被动式行为习惯,取而代之以主动式行为习惯,主动开展设备调试,并判断技术的可行性。

这四步走完一次,并不能马上改变心智模式,反复实践才会有效果。

破除能力陷阱最难的是第三步——改变与重构信念。信念是历史成功经验所形成的坚定认知,信念其实也是根深蒂固的意识,是比较难改变的。要改变一个人的信念，只有能力陷阱的约束让他痛了，他才会去思考历史信念的正确与否。能起到一定作用的方法是培训，通过不断的培训来改变知识、能力和意识，最终达到改变信念的目的。

企业也经常会遇到核心能力陷阱。破除企业的能力陷阱，同样需要三步。

（1）走出核心能力舒适圈：通过考核与绩效导向，鼓励新能力形成，扩大核心能力。

（2）改变防御型心智模式：引入外部咨询，通过外部咨询检讨企业内部问题，正视问题，促进形成学习型组织。

（3）改变与重构信念：引入改变意识的培训，更重要的是对老板进行培训，改变老板的意识和信念。

破除能力陷阱是一项系统性的工程。需要思维模式、行为模式、心智模式共同发生改变。思维模式、行为模式、心智模式的改变，每一步都是比较艰难的。先对能力陷阱、思维模式、行为模式、心智模式等产生认知，再基于上述方法实践，逐步改变。能力陷阱产生后，会不断遇到新的知识和能力对能力陷阱的冲击，每一次按照以上方法进行，第一次、第二次可能无法破除，反复实践，能力陷阱终究有破除的一天。

第 38 章

信念迁移

前文讲到,由于历史的成功经验形成了信念,当遇到新的事情时,信念能够调用历史成功的知识和能力,帮助把这件事情做成。

但是我们会发现很多人的成功并不是在一个领域里面的成功,而是在不同领域里持续成功。上文提到的马斯克,在金融、电动汽车、火箭等完全不同的领域都取得了成功,马斯克也提到是信念在起作用。但是,这些都是关联性很低的领域,对于一个完全陌生的领域,并没有对应的知识和能力,那这是怎么回事呢?

有些人并没有按照前面说的“从最熟悉的领域做起”,而是快速在一个又一个完全陌生的领域取得了成功,这是什么原因呢?

我们来看一个例子。

雷军 1992 年加入金山,成为金山总裁。之后创办卓越网、小米,担任过欢聚时代、猎豹移动等众多公司的董事长,在互联网和科技圈是知名大佬。

雷军曾说："我创业有个七字诀，就是专注、极致、口碑、快。如果你用这种方法去做事情的话成功的概率会高很多。"

专注：只有把你所有的精力集中在一点上，那一点你才能够做得足够好。

极致：把任何事情做到你能做到的极限。

口碑：改善每一项服务，超越预期。

快：天下武功，唯快不破。

雷军将他的七字诀在不同的公司应用，缔造了大量企业神话。

再来看一个例子。

"打工皇帝"唐俊曾经写有一本书，叫《我的成功可以复制》。这本书详细记录了他在微软、盛大网络、新华都的成功经历。他在《我的成功可以复制》一书中，阐述了他的成功过程和方法，也讲了他做事的原则，如"勤奋＋简单"，做事勤奋，做人简单。还有一些他这些年工作所形成的信念，列举两个：任何事情都可以变通，一种方法不行，还可以用很多别的方法，循规蹈矩、墨守成规难以成事。只要有良好的沟通心态，找到合适的沟通方式，没有解决不了的问题。

唐俊在进入每一个全新的领域时，这些信念都在指引着他开展工作。即便在一个陌生的领域，他也能快速具备该领域的知识与能力，最终取得成功。

马斯克、唐俊、雷军这些在不同领域都能取得成功的人,有什么共同特点?他们的一个重要特点都是在历史的成功中,形成了职场上适合自己的信念,并且将这样的信念在不同领域应用,进而取得成功。

这样在不同领域应用信念的能力叫信念迁移能力。

我们再来回顾一下从信息到信念的信念漏斗模型。我们有海量的信息,丰富的知识,多项能力,但最终信念可能就几条。就像很多信息不会形成知识,很多知识不能成为能力一样,很多能力应用再多,也不会形成信念。

同时,不同的能力可能最终形成的信念是一样的。举例说,当我们健身或减肥,最后成功了,我们形成了这样一个信念:坚持就是胜利。当我们做一项重复且枯燥的工作,最终成功,我们也形成了这样一个信念:坚持就是胜利。在不同领域实践形成不同能力最后产生的信念可能是一致的。

既然在不同领域实践形成不同能力所产生的信念可能是一致的,这就说明有的信念不需要在一个领域通过反复实践获得,反倒可以把信念迁移到新领域里,从而指引在新领域开展工作。这种把历史信念迁移到新领域应用的能力,是一种信念迁移能力。

马斯克、唐俊、雷军等这些名人都是有着非凡信念迁移能力的人,例如雷军把“天下武功,唯快不破”的信念迁移到不同领域,以凡事要快的信念开展新领域的工作,最终帮助他在该领域取得成功。

我们很多人不具备信念迁移能力。实践是检验真理的唯一标准,信念就像真理,在该领域没有实践过,该领域就无法以该信念来开展。例如

“坚持就是胜利”这个信念在减肥上成功了，但是无法在工作中应用。

所有信念都能在所有领域迁移吗？肯定不是，例如“坚持就是胜利”应用到减肥上是可以的。那应用到追女孩子身上，对吗？死缠烂打，胡搅蛮缠，最终的结局可能是连朋友都没得做。

那在怎样的领域之间，信念是可以迁移的？不同领域有共同的特点，例如“坚持就是胜利”适用于健身这种枯燥又反复的事情，这个信念就能迁移到同样枯燥又反复的工作领域中去。雷军的“天下武功，唯快不破”的信念，在科技圈和互联网这种技术快速更新的行业，是能迁移的，但是如果迁移到需要慢慢沉淀的行业，可能就错了。

第39章

信念重构

随着时间发展、环境变化，历史形成的信念，就一定是对的吗？如果已经不适用当前环境了，又该怎么办？

国际商业机器公司或万国商业机器公司，简称IBM（International Business Machines Corporation），于1911年由托马斯·沃森创立于美国，是全球最大的信息技术和业务解决方案公司，拥有全球雇员31万多人，业务遍及160多个国家和地区。

IBM传奇领导者小托马斯·沃森写就了一本薄薄的小册子——《一个企业的信念》，里面阐述了三个最核心的价值观：尊重个人、客户第一、追求卓越。

（1）尊重个人：领导要倾听员工的声音。不强加命令，给每个员工充分的思考空间，坚持"认同第一，执行第二"的原则。公司管理人员对公司里任何一名员工都必须尊重，同时也希望每一位员工尊重顾客，即使对待同行竞争对手也应同等对待。公司的行为准则规定，任何一位IBM的员工都不可诽谤或贬抑竞争对手。

（2）客户第一：IBM的任何举动都以客户需要为前提，IBM公司对员工所做的“工作说明”中特别提到要对客户、未来可能的客户提供最佳的服务。

（3）追求卓越：对任何事物都以追求最理想的观念去完成，无论是产品还是服务都要永远保持完美无缺。当然完美无缺是永远不可能达到的，但是目标不能放低，否则整个计划都受到影响。

小托马斯·沃森说：“任何企业，为了生存并取得成功，都必须有一套健全的信念，并将其作为它所有政策和行动的前提。”

在小沃森的领导下，IBM以大型计算机作为目标，以此完全拥抱电子时代。IBM当时研制出闻名世界的第一代大型机“IBM360系统”，这些产品获得了巨大成功，取得了压倒性优势，很快就成为市场领先的计算平台。20世纪七八十年代，IBM在计算机市场份额达到70%，成为第一家被称作“邪恶帝国”的大型IT公司。在这一历史时期，IBM一家独大。

然而，随着时间推移，企业的发展也随之发生波动。由于个人电脑功能越来越强大，大型主机需求量剧减，IBM的主要财源大型主机业务因此遭到了重创，经营状况变得惨不忍睹。1991年到1993年，IBM连续3年亏损，当年的亏损额高达80亿美元。1993年，IBM人“追求卓越”的信念戛然而止。时年79岁“高龄”的IBM，已近“风烛残年”，全然没有了昔日蓝色巨人的威风凛凛，“永远前进”“为人类服务”这些虚幻的东西，IBM人根本连想都不敢想。IBM董事会渴望找到一位出色的大企业家来重振IBM的雄风。这被当时的媒体戏称为“美国最艰巨的工作之一”。

1993年4月1日是个极不寻常的愚人节。就在这一天，郭士纳接手

IBM公司,担任董事长兼CEO。而在当时的大多数人看来,这真的是一个“玩笑”。舆论普遍对郭士纳能够挽救IBM缺乏信心。有人甚至猜测说,IBM之所以选择他,表明董事会对IBM的未来不会再有任何伟大的远景,蓝色巨人将在郭士纳的怀中衰竭而死。

郭士纳面临着一个难题:他不懂计算机技术,也不了解这个行业。与当时微软的比尔·盖茨、英特尔的安迪·格鲁夫等“技术型企业领袖”相比,郭士纳是个不折不扣的外行。IBM将自己的生死大权交给一个“门外汉”,看起来的确不可思议。

然而,真正不可思议的是郭士纳随后创造的一系列奇迹——这位原计算机界的外行在接管IBM后,做出一系列将蓝色巨人从悬崖边上拉回的重大决策。

郭士纳意识到在微软和英特尔的围堵下IBM几乎没有反击的可能了。IBM就像一只羊,微软是前面的狼,英特尔是后面的虎,这只羊在山谷下的一条小路上正迷茫着,进退两难。打肯定是打不过的,这只羊该怎么挽回局面?这个时候郭士纳有了一个大胆的想法:让这只羊跑到山坡上,然后在高地上召集一些其他的动物联合起来,最终避开了狼和老虎的虐杀,并且在一个新的领域再次称霸一方。

郭士纳发现了在1993年很多大公司面临的最大问题,即所有大公司独立整合当时新兴的计算技术。基于此,他发现了IBM拥有的独特竞争优势—为客户提供集成解决方案。郭士纳让IBM为客户提供完整的IT解决方案。服务可以作为一个附加条款给已经购买IBM电脑的公司,而几乎没有盈利的硬件被用来为更有利可图的交易打开大门。

1996 年 IBM 公司喊出“电子商务”的口号时，也许除了 IBM 公司自己，没人相信这个概念在其后会带动整个 IT 业，乃至整个社会的发展。而当整个社会还沉醉在电子商务所带来的巨大惊喜中时，IBM 却又以“e-Business On Demand”（电子商务，随需应变）勾勒出了电子商务发展的第三阶段的蓝图。电子商务和其代表的社会变革为人类生活带来天翻地覆的变化。

现如今的 IBM，创新成了它的标签，在美国专利商标局公布的 2017 年专利统计榜单中，排名第一位的仍然是 IBM。这已经是 IBM 连续 26 年蝉联榜首，其专利数在 2017 年达到了 9043 项。

正是由于郭士纳通过创新和改革拯救了 IBM，IBM 自此之后的三大信念在悄悄发生改变，并新增了一个信念——变革创新，或者说曾经“追求卓越”的信念，把一件事做到极致的状态，慢慢被变革创新所替代。变革创新则是坚持变革，追求创新，克服官僚，追求“大战略小运营”的灵活性。随着企业的发展，企业信念也在不断地重构。

信念一旦不再适用，你的历史信念其实就跟别人的信念一样，变成了信息。价值仅仅是信息的价值，甚至还会起到副作用，成为负面信念。

信念不适用的原因是因为环境发生了变化，也就是信息层已经完全不一样了。对应的知识层也已经不适用，历史的能力已经形成了能力陷阱，能力陷阱所形成的信念就已经不适用了，需要重构。

如何判断信念是否需要重构？信息变化是一定的，知识陈旧需要更新。这样的常态构不成信念需要重构的依据，信念是否需要重构，核心在于判断是不是出现了能力陷阱。没有形成能力陷阱,信念其实不影响大局。而一旦形成了能力陷阱,对应的信念会将能力陷阱进一步加深,这样的信念就需要重构。

如何重构信念?重构信念的前提,是破除能力陷阱。如果一直没有从能力陷阱中走出来,那代表历史的信念还一直存在。重构信念的同时,应破除能力陷阱。我们需要把破除能力陷阱和重构信念的步骤结合进来,完成以下四步。

第一步,破墙。将心智模式调整为成长型心智模式,具体步骤可以详见破除能力陷阱环节。

第二步,出圈。消除核心能力舒适圈,打造新的核心能力圈。

第三步,实践。基于新的核心能力,反复实践。

第四步,重构。在反复实践的过程中,重构新的信念。

我们来看一下上文中郭士纳对IBM的信念重构过程。

第一步,破墙。防御型CEO变成变革型CEO,相当于企业调整为成长型心智模式。

第二步,出圈。走出制造大型计算机能力的舒适圈,变革创新,打造"产品+服务"模式。

第三步,实践。不断加入新的创新,实践变革创新,并不断取得成功。

第四步,重构。变革创新形成新的信念。

信念重构其实是自然而然进行的,如果信念真的需要重构了,代表个人其实已经出了较大的问题。对于个人来说,更新知识,破除能力陷阱,更新核心能力,信念会水到渠成地发生变化。

第 40 章

从能力到信念的路径

从能力到信念的路径如图 3-6 所示。

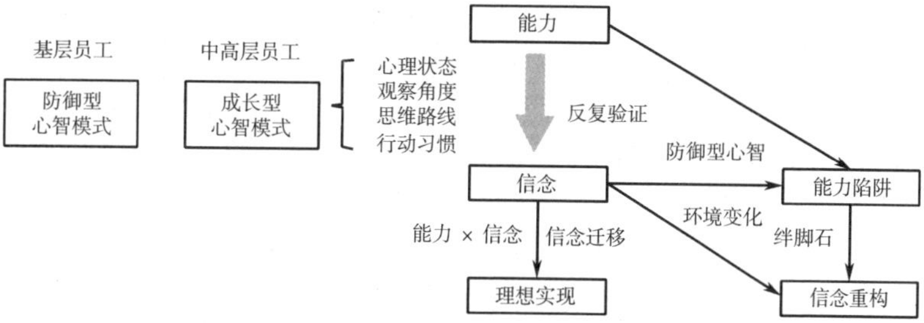

图 3-6

第41章

从信息到信念总图

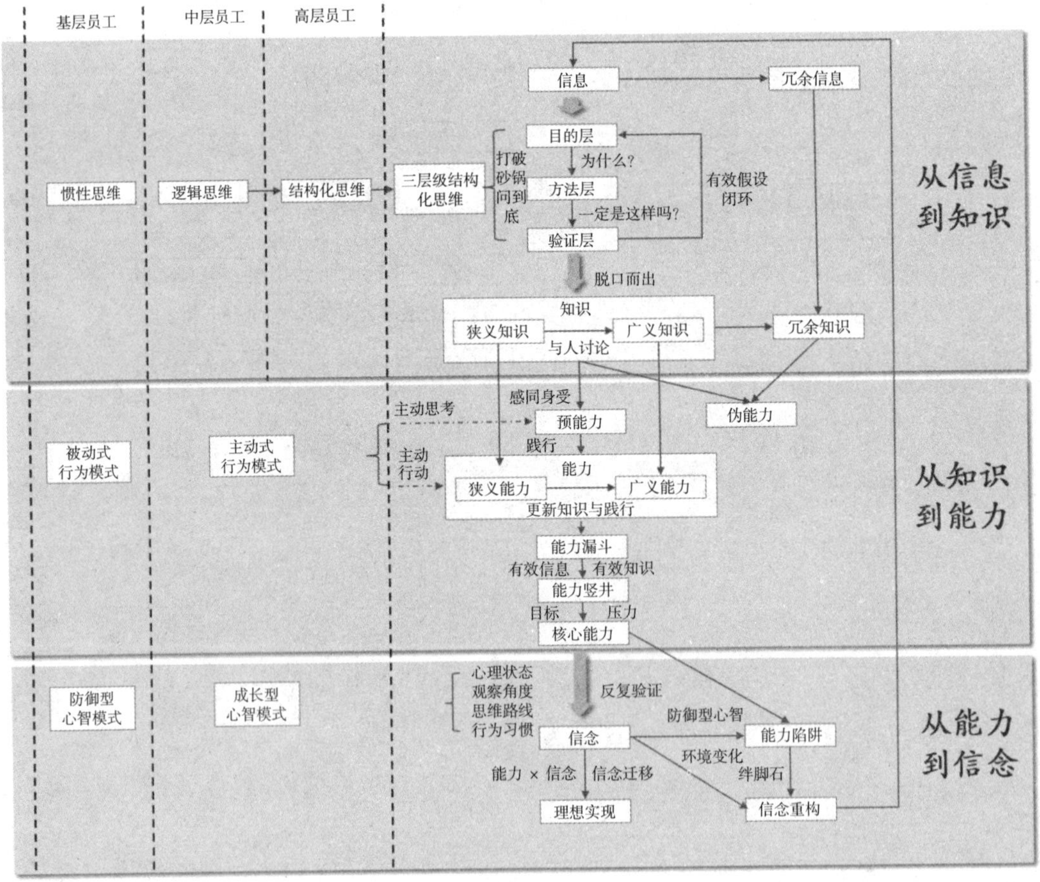